Manfred Görg

Die Barke der Sonne

Kleine Bibliothek der Religionen

Herausgegeben von
Adel Theodor Khoury

Band 7

Manfred Görg

Die Barke der Sonne

Religion im alten Ägypten

Manfred Görg

Die Barke der Sonne

Religion im alten Ägypten

HERDER

FREIBURG · BASEL · WIEN

Die Deutsche Bibliothek – CIP-Einheitsaufnahme
Görg, Manfred:
Die Barke der Sonne: Religion im alten Ägypten /
Manfred Görg. – Freiburg im Breisgau ; Basel ; Wien:
Herder 2001
(Kleine Bibliothek der Religionen ; Bd. 7)
ISBN 3-451-23847-0
NE: Heine, Peter; GT

www.herder.de
Umschlaggestaltung: Finken und Bumiller, Stuttgart
Satz: Barbara Herrmann, Freiburg
Druck und Bindung: fgb · freiburger graphische betriebe 2001
www.fgb.de
Gedruckt auf umweltfreundlichem, chlorfrei gebleichtem Papier
ISBN 3-451-23847-0

Inhalt

Einführung

„Amun hat alle Länder gegründet!
Er hat sie gegründet,
nachdem er zuerst das Land Ägypten
gegründet hat."
(Aus dem Bericht des Wenamun)

Aus der sogenannten Spätzeit Ägyptens stammt ein Papyrustext, der eine Art Reisebericht über eine Fahrt von Ägypten nach Palästina enthält und von einer mit Abenteuern gespickten Unternehmung eines hohen ägyptischen Kultbeamten namens Wenamun Kunde gibt. Dieser Wenamun ist im Auftrag des Königs Smendes (erster König der XXI. Dynastie, ca. 1070 v. Chr.) tätig, und er soll das begehrte Zedernholz aus dem Libanon herbeischaffen, wie es seit jeher gern aus diesem Raum bezogen wurde, um wertvolle Objekte wie Statuen oder Mobiliar im kultischen und höfischen Bereich zu erstellen oder auszustatten.

Die aufwendige Beschaffung des Holzes soll nach Ausweis der Einleitung dem Bau eines speziellen Kultobjektes dienen, das sichtbarer Mittelpunkt des Tempelkults von Karnak in Oberägypten ist, nämlich: „das große, herrliche Schiff des Amun-Re, des Götterkönigs, das auf (dem Strome liegt, namens) Userhatamun" (nach Hornung 1996: 48). Dieses außerordentliche Schiff, dessen Name „Stark ist die Vorderseite des Amun" ein Licht auf die besondere Funktion des Kultobjekts wirft, repräsentiert Ort und Bewegungsform des höchsten Gottes, dessen Kultbild nicht nur auf einem schwimmenden Untersatz ruht, sondern mit einer symbolischen Mobilität behaftet ist, die hier insbesondere eine dynamische Wirksamkeit meint. Mit dem Kultbild läßt sich auf diese Weise Ruhe und Bewegung assoziieren, ein Zusammentreffen von Gegensätzen, das auch in Ägypten nur einem schöpferischen Gott zugesprochen werden kann.

Dieser Vorausblick auf die Rolle des Gottesschiffes bedarf der weiteren Konkretion. Noch aber darf uns die weitere Darstellung der Geschichte des Wenamun interessieren, da in ihr die Seereise vom asiatischen Ausland zurück nach Ägypten und die Ausstattung des Schiffes einen gewichtigen Platz einnimmt. Der Hochgott Amun gilt nach dem ausdrücklichen Bekenntnis des Wenamun als Besitzer aller Schiffe („Es gibt kein Schiff auf dem Strom, das nicht dem Amun gehört", vgl. Hornung 1996: 52). Amun ist „die Pflanzstätte für (die Kultbarke) Userhatamun, die Herrin aller Schiffe". Die Kultbarke des Tempels des Amun wird als Signal für die universale Kompetenz des Amun gefaßt, von dem selbst der mit Wenamun streitende Fürst von Byblos erklären muß, er sei Herr aller Länder und von ihm ginge alle Kunstfertigkeit und Wissenschaft aus (vgl. Hornung 1996: 51f).

Unser Reisender hat keine leichte Aufgabe. Sein Problem ist die geschichtliche Stunde. Ägypten hat den Höhepunkt seiner Macht im sogenannten Neuen Reich mit den berühmten Perioden der 18.–20. Dynastie (ca. 1520–1080) überschritten und steht jetzt mit der immer gefürchteten Spaltung in ein Nordreich (Unterägypten: Deltagebiet) und ein Südreich (Oberägypten) vor ungeahnten Herausforderungen, die sich vor allem in Vorderasien mit dem Aufkommen neuer Mächte anmelden.

Ob man nun die Geschichte des Wenamun für ein literarisches oder nichtliterarisches Werk hält, es wirft nicht nur ein bezeichnendes Licht auf den bleibenden Anspruch des Amun-Kultes trotz offensichtlich schwindender Dominanz über Vorderasien, sondern führt auch in die nur von Ägypten her verständliche Dimension des Amun-Kultes ein. Amun-Re ist und bleibt der „Bezugsgott" Ägyptens.

So ist wohl die Bezugnahme auf die heilige Gottesbarke Dreh- und Angelpunkt der ganzen Geschichte. Der eigentliche Schiffseigentümer verbleibt ja auch nicht in seinem

Tempel. Er ist präsent in seinem unterwegs befindlichen Kultbild, das ausdrücklich als „Amun des Weges“ bezeichnet wird. Die Geschichte gibt sich so als eine Art Glaubensbekenntnis zum „Gott des Weges“. Die Reise des Wenamun wird so zu einer Schiffsprozession, die der Allgegenwart des höchsten Gottes Rechnung trägt. Sollte die Darstellung in Ägypten am Zentralheiligtum als Hieros Logos, d. h. als eine Erzählung zum Schicksal der heiligen Barke gegolten haben, um ihre Dignität vor aller Augen zu demonstrieren? Ein Werbetext zur Orientierung an dem Einen, wie dies vielleicht schon der Name „Wenamun“, d. h. wohl: „Einzig ist Amun“, zum Ausdruck bringt?

Eine Reise mit Amun-Re soll auch das Thema der folgenden Ausführungen sein. Wir werden am Schluß wieder auf die Geschichte und die Botschaft der Darstellung des Wenamun zurückkommen. Erst auf dem Hintergrund dessen, was man in Ägypten zum Weg des Sonnengottes in seiner Barke zu sagen wußte, wird sich erfassen lassen, welche immense religiöse Bedeutung der Erzählung innewohnt.

Wie soll man sich nun die Barke des höchsten Gottes vorstellen? Die Ägypter knüpfen in ihrer Imagination an die alltäglichen Bilder der Schiffahrt auf dem Nil an. Das gängigste Wasserfahrzeug, unentbehrlich für die sichere Flußreise oder „nur“ die Überquerung der Lebensader Ägyptens läßt die Vorstellung von einem göttlichen Schiff wachsen, das in exzeptioneller Weise Sicherheit verbürgt, die stabilisierende und doch treibende Kraft des Schöpfergottes. Will man sich einen Eindruck von der symbolträchtigen Gestalt der Barke machen, bedürfte es etwa des Blicks auf die Darstellung einer Barkenprozession, wie sie an der südlichen Außenwand des Zentralnaos im Tempel von Karnak eingraviert und noch farblich erhalten ist. Die folgende Nachzeichnung (Abb. 1) zeigt die priesterlichen Träger des ‚Allerheiligsten‘ im Gefolge des obersten Kultdieners, des ägyptischen Pharao.

Abb. 1

Die Barke mit dem das Kultbild bergenden Naosschrein wird von Palmwedeln begleitet und an beiden Enden mit dem Widderkopf dekoriert, der seinerseits mit einer daraufgesetzten Uräusschlange ausgezeichnet ist. Der Widderkopf ist um des Widders als des heiligen Attributtiers des Gottes Amun willen gewählt, er symbolisiert den Aspekt, den auch der Name der Barke ausdrückt, die naturhafte Mächtigkeit des Gottes, seine vitale Dominanz. Die in Ägypten unzählige Male belegte Funktion der Uräusschlange in Gestalt der aufgerichteten Kobra ist geradezu das „apotropäische" Symbol schlechthin, d. h. es verkörpert Abwehr und Schutz in höchster Potenz. Der Auszug der Barkenprozession mit dem in seiner ‚Kajüte' geschützten und zugleich verborgenen Kultbild des Götterkönigs Amun ließ natürlich auch die Öffentlichkeit an der Manifestation göttlicher Gegenwart in Bewegung teilnehmen. Nicht zuletzt sind es die im Zuge der Begehung ermöglichten Orakelkundgaben, die wahrscheinlich durch bestimmte, von den Priestern gestützte (und manipulierte) Schwenks der Barke positive oder negative Bescheide auf Anfragen zukommen ließen. Oberster Instruktor sollte jedenfalls Amun selbst sein, der gerade in der Zeit des „Gottesstaats", der 21. Dynastie in Oberägypten, als allein maßgebende und regulierende Instanz empfunden wurde.

Feierliche Auszüge, wie vor allem zum Anlaß der Begehung des „Opetfestes" (im Tempel des Amun in Luxor, auch Opet genannt, d. h. „Lieblingsort" des Gottes) oder auch des „Talfestes", das auf der Westseite des Nils (im „schönen Wüstental") als besonderes Totengedenken stattfand, konnten die Götterbarke mit dem Kultbild des Amun vor aller Augen sichtbar werden lassen. Das Allerheiligste und damit der Tempel begab sich sozusagen auf eine symbolträchtige Wanderschaft, um wohl auf diesen zentralen Festereignissen sowohl den Tagesweg der Sonne wie auch den Aufenthalt der Sonne im „schönen Westen", d. h. in der Welt der Toten abzubilden und als monumentales Schauspiel zum Thema Leben und Tod zu inszenieren.

Assoziationen an prozessionale Umzüge in späteren Religionen, wie etwa im Christentum, sind durchaus statthaft, haben wir es doch schon in Ägypten mit Prozessionen mit dem Kultbild aus dem Heiligtum, mit Stationsaltären und hierarchisch strukturierter Abfolge der Prozessionsteilnehmer zu tun.

Die Begegnung mit der Sonnenbarke im Kult beflügelte den Ägypter vor allem zur Zeit des Neuen Reichs zur phantastischen Vorstellung einer göttlichen Überfahrt über die Himmel der Tages- und Nachtzeit. Dabei unterschied er zwischen der Barke des Tages (*m*^{c}*nḏt*) und der Barke der Nacht (*msktt*), da er nicht nur den täglichen Sonnenlauf im Bilde einer Bootsfahrt begriff, sondern auch den Verbleib der Sonne zur Nachtzeit als eine Art geheimnisvolle Überquerung schaute, die sich ebenfalls über zwölf Stunden hinzog. Der Sonnengott übt in beiden Bereichen seine Autorität aus, so daß ihm Prädikationen zukommen, die seine mächtige Präsenz auf beide Barken beziehen, wie ein Hymnus aus dem Totenbuch der Ägypter zeigt:

Preis dir, der aufgeht in Gold,
der die beiden Länder erleuchtet am Tage seiner
Geburt!
Deine Mutter gebar dich auf ihrer Hand,
du hast erleuchtet, was die Sonne umkreist.
Großer Leuchtender, der im Urozean aufgeht,
der seine Sippe „knüpfte" in der Urflut.
der alle Gaue und Städte festlich macht,
alle Gehöfte sind geschützt durch deine Schönheit,
(alles), was dein Ka aufrichtet durch Nahrung und
Speisen.
Schreckens-Gewaltiger, Macht der Mächte,
der seine Stätte entfernt von denen, die Unrecht tun.
Groß an Erscheinungen in der *Msktt*-Barke,
Ehrfurcht-gewaltig in der *M^c^nḏt*-Barke.

(Assmann 1999: 124)

In der Barke des Sonnengottes ein Mitfahrender zu sein, ist das geheime Wunschbild des Ägypters, weil sich in seiner Vorstellung nur so eine gesicherte Reise über die Abfolge von Tag und Nacht, d. h. über den Zyklus der Zeit und Ewigkeit garantieren läßt. Der Kosmos tritt auf diese Weise in eine unmittelbare Beziehung zu den mehr oder weniger verborgenen Erwartungen der Individuen, die im Vertrauen auf die Durchsetzungsfähigkeit von Licht und Leben den Mächten der Finsternis und des Todes widerstehen möchten. Die einzelnen, ob nun ein Herrscher oder der Untergebene im ägyptischen Staat, setzen je für sich auf eine Partizipation mit dem göttlichen Gewährsmann für eine ungefährdete Zukunft.

In Ägypten geht es daher weder nur um eine bewußt erlebte, politische Solidargemeinschaft im Widerstand gegen den Tod, noch nur um eine psychische Bewältigung einer Angst vor dem Nichtsein in den Träumen als Ausdruckssphäre des Unbewußten, sondern um eine Intimbegegnung mit der erhabenen Wirklichkeit des Kosmos, die insgesamt als göttlich eingestuft und als heilbringender Lebensraum geglaubt wird. Die Lebenswelt wird getragen und in Gang gehalten von der Bewegung der Sonne, die zugleich das Dasein des Einzelnen derart beleuchtet, daß dieser sich angesichts des ihn umgebenden Schutzmantels der Lichtstrahlen in einer Empfindungswelt wiederfindet, die wir als *kosmische Mystik* bezeichnen möchten.

Die hier gemeinte Weise mystischer Erfahrung ist also nicht mit einer esoterisch-pantheistischen Naturmystik zu verwechseln. Sie zielt vielmehr auf das Erlebnis des Einsseins mit der geschaffenen Welt und ihrem Schöpfer, das die Tiefen des Unbewußten in der individuellen Psyche ebenso umgreift wie die Verbindung des einzelnen mit den Wirkkräften in der sinnenhaft erfahrbaren Welt außerhalb der eigenen Existenz. Die kosmische Mystik der Ägypter äußert sich vor allem in den Szenen und Texten zur Verehrung und Vereinigung mit dem höchsten Gott, der in erster Linie in der Lichtfülle des größten Gestirns, der Sonne, sowie in ihrer scheinbaren Bewegung am Himmel geschaut wird.

Der „Amun des Weges" im Schiff des reisenden Wenamun ist so gewiß auch eine Figur der Erinnerung an den Sonnengott, der die Himmelsbahn befährt und gerade nach seinem Aufgang auch die Länder des Ostens überquert, denen sich der Seefahrer von Ägypten aus genähert hat. Die Großzeiten der politischen „Orientierung" (im wörtlichen Sinn der Ausrichtung nach dem Herkunftsbereich der Sonne im Osten) sind zwar mit dem Niedergang der ägyptischen Dominanz über Asien in der späteren Ramessidenzeit vorbei; trotzdem ist und bleibt in Ägypten und darüber hinaus die Begegnung mit dem ‚Licht aus dem Orient' der allseits belebende und faszinierende Erlebnisgrund einer kosmischen Mystik.

Erster Teil

Der Morgen der Zeit

Wann beginnt die Sonne mit ihrem scheinbaren Lauf über den Himmel? Am Morgen, wo sie sich über dem östlichen Horizont erhebt? Oder schon eher, da noch alles im Dunkel der Nacht verborgen ist? Welche Nachtstunde kommt dafür in Betracht? Wo hat sie sich zuvor aufgehalten? Welche Bedingungen erlauben ihr den Antritt ihrer Überfahrt? Fragen, die man sich in Ägypten nicht aus naturwissenschaftlicher Neugier stellte, sondern die man als wesentlich empfand für die Lösung eigener Probleme, für ein plausibles Verständnis des Daseins und des Leben überhaupt, Fragen, die man kraft unerschöpflicher Phantasie mit Antworten versah. Man glaubte zu spüren, daß da, wo die Sonne mit ihrem lebensspendenden Licht herkommt, auch diese Welt begründet, die Schöpfung vorbereitet worden ist.

I. Vor-Welt

Der Blick des Ägypters gilt nicht von vornherein der Zeit eines allerersten Anfangs. Vielmehr kümmert er sich lieber um eine angemessene Vorstellung der Umstände seiner Existenz, die Konditionen des Lebens. Das Land im Niltal mit seinen exemplarischen Gegensätzen, der Wüste einerseits und dem Kulturland andererseits, vielfach unvermittelt aneinander grenzend oder nahtlos ineinander übergehend, seinem Tag-Nacht-Wechsel ohne längere Dämmerungsphasen, den klimatischen Spannungen und vielem mehr provoziert zunächst die Orientierung am Lebensraum, den vor allem die tagtägliche Erfahrung des Sonnenaufgangs garantiert. Das Kommen und Gehen des Gestirns ist daher zugleich

Anstoß für die klassischen, auch die Ägypter bewegenden Menschheitsfragen, woher wir kommen, wo wir stehen, wohin wir gehen.

1. Sonnenlauf

Das tägliche Erlebnis des Sonnenlaufs über die Himmelsbahn ist für den Ägypter seit jeher die Anschauung schlechthin. Der zyklische Vorgang versinnbildet den Kreislauf allen Geschehens. Der Sonnenlauf hält die natürlichen Prozesse insgesamt in Gang, ja er ist in seiner Kontinuität der Garant für das weitere Bestehen aller Wirklichkeit. Die Natur wird hier in exemplarischem Ausmaß transparent für den Zusammenhalt des Seienden. Die Grundvorstellung der Himmelsbahn wird im Lexikon der Ägyptologie mit einem Schema kenntlich gemacht, das der Wanderung der Sonne über den Tages- und Nachthimmel gerecht werden soll:

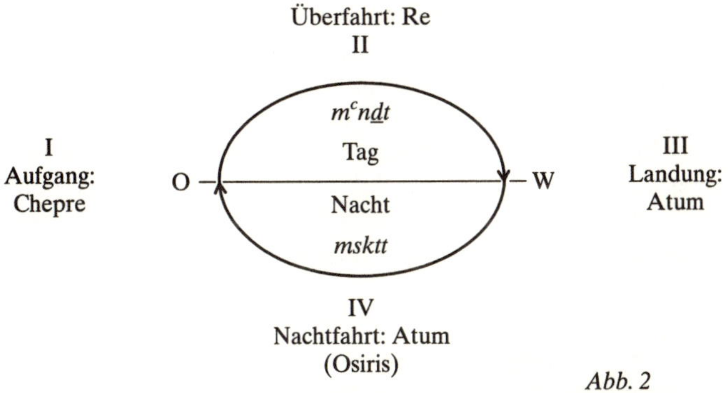

Abb. 2

So wichtig und aufschlußreich dieses Schema für uns auch sein mag, für den alten Ägypter würde es keine sonderliche Hilfe gewesen sein, auch wenn es in Hieroglyphen übertragen worden wäre. Überhaupt wäre eine solche Schematisierung von Vorstellungen ein kopflastiges Unternehmen, das die Sinne nicht unmittelbar anspricht. Stattdessen haben die

Zeitgenossen damals offenbar gern zu lebensnäheren Illustrationen Zuflucht genommen, die uns glücklicherweise erhalten geblieben sind und uns von einer ganz anderen Art der Kommunikation über das Kosmische und mit dem Kosmischen Kunde geben. Die Anschaulichkeit ist bei aller Kontinuität oberstes Prinzip.

Abb. 3

Ein erster Blick auf eine Darstellung aus dem Bereich der Miniaturkunst, nämlich auf die besonders dekorierte Flachseite eines ägyptischen Skarabäus, d. h. eines Siegel-Amuletts mit der Form und Symbolik eines Käfers, mag uns die andere Sichtweise verdeutlichen (Abb. 3). In konzentrierter und doch sinnfälliger Weise tritt hier das elementare ägyptische Bekenntnis zu einer lebensbedingenden und lebensfördernden Bestandsgarantie allen Daseins durch den Sonnenlauf vor Augen, da die Sonne, durch die Scheibe repräsentiert, von einem im Zentrum dargestellten Käfer geschoben wird, der das Werden und die Bewegung schlechthin symbolisiert. Dieser auf beiden Seiten der Illustration von sogenannten Uräen, d. h. Kobraschlangen als Schutzfiguren, begleitete Weg der Sonne über den Himmel vollzieht sich oberhalb der Vegetation auf der Erde, die auf dem Skarabäus durch das ägyptische Hieroglyphenzeichen ‚Teich mit Lotospflanzen' ins Bild gesetzt wird. Die Miniaturkunst kennt weitere Konstellationen, die ebenfalls den Sonnenlauf einfangen und z. T. ägyptischen Totenbuchvignetten entsprechen (dazu Keel/Schroer 1998). Auf engstem Raum kommt so eine Beziehung zum Ausdruck, die vom Träger des Skarabäus als einem Amulett empfunden wird, nämlich die existentielle Angewiesenheit des Menschen auf die Lebenswelt, die in erster Linie durch den Sonnenlauf im Vollzug gehalten wird. Dies ist das „kosmotheologische" Programm, das dem Ägypter permanent vorschwebt und alle Verästelungen und näheren Qualifikationen seiner naturgebundenen Vorstellungswelt bestimmt.

Unbelastet von späteren Einsichten der Menschheit über die kosmischen Proportionen und Funktionen gibt der alltägliche Eindruck den Blick auf Zusammenhänge frei, die sich dem Hang zur Berechnung von Kosmos und Universum von vornherein zu entziehen scheinen. Der moderne Mensch möchte wohl von einer so unbefangenen Weltschau nichts wissen, weil er jede darauf gründende Perspektive für ein Produkt der Phantasie oder gar für eine riskante und schädliche Selbsttäuschung hält. Der Ägypter aber schaut und denkt anders.

Dabei geraten Naturverständnis im Sinne kritischen Beobachtens und bildhafte Spekulation keineswegs in einen heillosen Kontrast zueinander. Der Ägypter hat erstaunlich viel Mühe aufgewandt, um natürlichen Prozessen auf die Spur zu kommen. Die Leistungen auf dem Gebiet der wissenschaftlichen Deskription, der Mathematik, der Medizin etc. verdienen unseren besonderen Respekt. Und doch läßt es sich der unentwegt Schauende nicht nehmen, die gesichtete Wirklichkeit auf tiefere Sinnschichten hin zu durchforsten. Das Geschehen hinter den Dingen ist ihm eben geheimnisvoller als der Augenschein.

Was ist es nun, was den Ägypter am Sonnenlauf fasziniert? Dieser ist ihm nichts anderes als ein Spiegelbild der Schöpfung. Mit jedem Tagesbeginn kommt der Anfang aller Wirklichkeit in den betrachtenden Sinn. Der Schöpfungsprozeß ist ein Hervorkommen des Lichtes am Tage aus der Finsternis der Nacht. Er wiederholt sich ständig, ist also nicht ein abgeschlossener Vorgang, wie man nach biblischer Konzeption meinen könnte, die wir aus dem Anfang der Bibel kennen. Die Schöpfung ist vielmehr an Regeneration gebunden und ist so ein unmittelbares Element menschlicher Erfahrung. Diese so selbstverständliche Nähe zu den Ursprüngen allen Seins findet in Ägypten einen vielfachen bildlichen Ausdruck. Eine Illustration des Sonnenlaufs soll darum auch die diversen Phasen unseres Einblicks in die altägyptische Religiosität eröffnen.

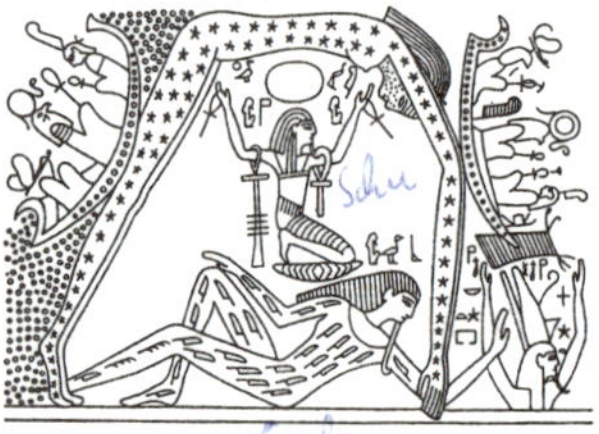

Abb. 4

Das Weltbild des Ägypters hat nichts mit jenem angeblich altorientalischen Weltbild gemeinsam, das sich vor allem auf der Basis der ptolemäischen Imagination im Abendland etabliert hat. Anstelle eines dreistöckigen Weltgebäudes, bestehend aus der Erdscheibe in der Mitte, der sich darüber spannenden Kuppel und der Zone des Urwassers darunter, haben wir es in Ägypten mit einer Sicht zu tun, die unter dem Zeichen der Symbolik menschlichen Lebens steht. Die sichtbaren Bereiche sind weder als kompakte Materie noch als naturgesetzliche Fakten in verschiedenem Aggregatszustand gefaßt, sondern als Wirklichkeiten mit menschlichen Körpern, denen der Mensch als lebendes Wesen im Gegenüber zu lebenden Wesen ausgesetzt ist. Die Natur ist nicht mit naturwissenschaftlicher Distanz beschrieben, sondern wird hautnah vor Augen gestellt.

Beeindruckend ist zunächst die den Himmel anzeigende Frauengestalt, die sich in einem überspannenden Bogen vornehmlich über zwei weitere Gestalten beugt, deren eine als Personifikation der Erde mit seitwärts gewendetem Gesicht nach rechts am Boden liegt, während die andere, die Luft symbolisierend, nach rechts blickend kniet, um zugleich beide Arme nach oben zu erheben. Die drei Gestalten sind göttliche Wesen: die Frau ist die Himmelsgöttin *Nut*, die liegende Figur der Erdgott *Geb*, der kniende Gott heißt *Schu*. *Nut*, *Geb* und *Schu* bilden eine repräsentative Triade, deren geheimnisvolles Zusammenwirken den Kosmos vor dem Zusammenbruch bewahrt. Vor allem ist es der Luftgott *Schu*, dessen Gestus der Armhebung einer in Ägypten vielfach bezeugten Idee entspricht, daß das „Stützen des Himmels“ die Scheidung zwischen oben und unten ermöglicht, um so den geordneten Bestand der kosmischen Relationen zu garantieren. Auch hier darf an die Effizienz der Funktionen des Trennens und Scheidens im anfänglichen Schöpfungstext der Bibel erinnert werden. Mit dem Unterscheiden beginnt die Geschichte.

Der Blick auf die ‚menschlich-göttliche‘ Szene im Weltgeschehen mit der Profilierung des Luftgottes läßt zwei weitere, hier nicht eigens ins Bild gesetzte göttliche Wirkkräfte ins Bewußtsein eintreten. Der Luftgott *Schu* trägt eine Feder auf dem Kopf, die gerade seine Verbundenheit mit dem Quell aller Vitalität zum Ausdruck bringt. Das gleiche Attribut kommt auch überaus häufig einer weiblichen Gottheit zu, von der immer wieder die Rede sein muß, der Göttin *Maat* nämlich, die die Verkörperung einer allgemeinen Weltordnung darstellt. Sie sorgt für das Gleichgewicht im universalen Gefüge und ist dic Grundvoraussetzung kosmischer Kontinuität. Sie garantiert auch eine Art Weltethos, dem sich alles Leben um seiner selbst willen fügen muß. Insofern kann sie selbst Göttern als verbindliche Instanz gegenübertreten.

Der Luftgott *Schu* ist aber auch nicht weniger nahe einem Gott verwandt, der im Laufe der Geschichte Ägyptens zur höchsten Repräsentation des Göttlichen aufgestiegen ist. *Schu* ist engster Nachbar des Gottes *Amun*, dessen mythologische Ausstrahlung kaum in Worte zu fassen ist. Ebenfalls und noch intensiver und ursprünglicher der vitalisierenden Atmosphäre zugeordnet ist *Amun* als der uranfängliche Schöpfergott, dem in der theologischen Gewichtung des Sonnenlaufs eine wegbereitende Rolle zukommt. Daß der schon benannte Name der Barke in Karnak „Stark ist die Vorderseite des *Amun*“ den Namen dieses Gottes propagiert, zeigt die elementare, weil lebensstiftende Dimension dieses Gottes an.

Bei aller Variabilität der Szene im ägyptischen Illustrationsvermögen bleibt es doch bei den gestaltgewordenen Konstituenten des universalen Raums, der zugleich einer ständigen Bewegung in der Form einer zyklischen Erneuerung unterworfen ist. Ruhe und Bewegung sind Erscheinungsformen von Zeit und Ewigkeit, welche Kategorien in Ägypten wiederum einem genuinen Verständnis zugeordnet sind. Diesem sei eine weitere grundsätzliche Betrachtung gewidmet, weil gerade auch die bedeutungsmäßige Erfassung des Sonnenlaufs zur Tages- und Nachtzeit an die Konzeptionen von Zeit und Ewigkeit geknüpft ist.

2. Zeit und Ewigkeit

Während unser abendländisches religiöses Denken von einer linearen Zeitauffassung geprägt ist, wie sie in der jüdisch-christlichen Tradition verankert ist, war in Ägypten eine zyklische Auffassung der Zeit maßgebend, die allerdings immer wieder von seiten ihrer Kritiker als der göttlichen Planung zuwiderlaufend diskreditiert und gar als ‚heidnisch' eingestuft wurde. Jan Assmann hat eine bezeichnende Linie zwischen den beiden Zeitkonzeptionen ziehen wollen, freilich nicht ohne Einschränkungen machen zu müssen. Dem ägyptischen Glaubensdenken ist in der Tat die Vorstellung einer erfahrbaren und kommenden Modifikation im Sinne einer idealisierten und erhofften Heilszeit in Vergangenheit und Zukunft keineswegs fremd, steht aber nicht im Zentrum der Religionsgeschichte. Andererseits kennt der liturgische Kalender unserer Traditionslinie auch gerade die zyklische Wiederholung der Feste, bei deren Begehung zwar auf den ersten Blick der bewahrende Ritus regiert, in der Feier der Erinnerung aber sowohl dem Gewesenen entsprochen wie auch der kommenden Endgültigkeit gedacht wird. Wenn für Ägypten mit guten Gründen die Qualifikation „Geschichte als Fest" (Hornung 1966) in Anspruch genommen wird, muß auch für das religionsgeschichtliche Verständnis der jüdisch-christlichen Liturgie festgehalten werden, daß in ihren zentralen Festfeiern sowohl das Vergangene vergegenwärtigt wie auch das Künftige vorweggenommen wird.

Für die Würdigung der kosmischen Vorstellungen in Ägypten ist die Unterscheidung zweier „Ewigkeiten“ von Interesse. Ohne hier in den Stand der Diskussion allzusehr hineinzugreifen, möge doch ein Votum zugunsten einer von Wolfhart Westendorf (1984) vorgeschlagenen Differenzierung ausgesprochen sein. Der Ausdruck *Djet* dient demnach primär der Bezeichnung der quasi-räumlichen Dimension einer auf bleibende und bewahrende Ewigkeit zielenden Erinnerung, während *Neheh* die Kontinuität der zyklischen Zeit im Sinne einer aus ständiger Wiederholung resultierenden Ewigkeit im Auge hat. Die beiden Perspektiven sind im Laufe der ägyptischen Religionsgeschichte in der Vorstellung der *Neheh*-Ewigkeit verschmolzen worden. Schon das grammatische Geschlecht der beiden Bezeichnungen ist signifikant: *Djet* ist weiblich, dagegen *Neheh* männlich.

Diese Differenzierung ist doch wohl von enormer Bedeutung für das Verständnis der allerersten Anfänge, da sie das Werden des Sonnengottes im Mutterleib der Himmelsgöttin Nut als dem elementaren *Djet*-Raum im Sinne eines lebensstiftenden und regenerierenden Verbleibens zu begreifen lehrt. Mit Recht konnte schon Hornung (1965) sagen: „Regeneration, Erneuerung des Menschen, gelingt nur, wenn die Zeit angehalten wird, vorübergehend in die Zeitlosigkeit übergeht“. Dies geschieht freilich um so mehr dann, wenn der Sonnengott den nächtlichen Aufenthalt in der dunklen Tiefe des vorgeburtlichen Raums vollzieht, um so die Strahlkraft für den kommenden Tag zu gewinnen. Erst mit dem Eintritt der Sonne in den Tagesablauf eröffnet sich die Dimension der *Neheh*-Zeit. Auch hier konnte schon Hornung in die richtige Richtung zielen, da er feststellt: „Neheh ist der dahinfließende Strom der Zeit, Djet das Becken, das ihn auffängt“, ohne freilich die Mutter-Symbolik des Bekkens weiter zu entfalten. Die empirische Sogkraft der den zyklischen Tageslauf bestimmenden *Neheh*-Zeit kann schließlich über den *Djet*-Raum der Nachtseite dominieren und dessen ursprüngliche Autonomie integrieren. Westendorf spricht von einer „Vermännlichung der Djet-Ewigkeit“

und beobachtet eine „Verschiebung des ursprünglichen Gleichgewichtes zwischen den komplementären Größen zu Gunsten der Neheh-Elemente".

Dennoch darf die Bedeutung der *Djet*-Dimension nicht unterschätzt oder gar vergessen werden. Die Mutter-Symbolik ist es nämlich, die dem Verhältnis der beiden Kategorien Raum und Zeit in der ägyptischen Begriffswelt einen besonderen Aspekt verleiht. *Djet* ist die weibliche Dimension der urgöttlichen Wirklichkeit, *Neheh* dagegen die männliche Seite, die zwar die Dominanz erhält und behält, ohne die weibliche Zuordnung jedoch keinerlei Bestandskraft aufzuweisen hat. Der Sonnengott erweist zwar seine majestätische Macht im Ablauf der Tagesfahrt über den Himmel, muß sich aber des Nachts immer wieder in die Obhut des mütterlichen Schoßes begeben. Er kommt ohne die vitalisierende Begegnung mit der weiblichen Ur-Heimat nicht aus. Eine Darstellung von der Unterseite eines Sargdeckels vermag diese elementare Gebundenheit des Schöpfergottes sinnfällig zu machen. Der Sonnengott ist ganz und gar mit dem Organismus der alles umfangenden Himmelsgöttin verwachsen, die ihn immer wieder empfängt und gebiert.

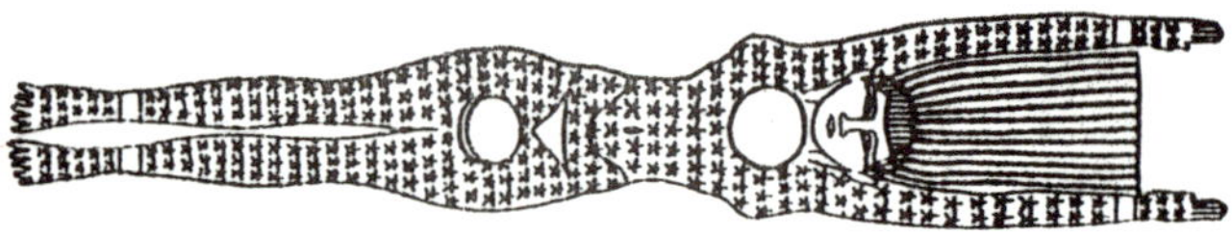

Abb. 5

Werfen wir rückschauend noch einmal einen Blick auf das unserem ‚abendländischen' Rekonstruktionsbedürfnis entgegenkommende und durchaus einsichtige Schema des Sonnenlaufs, wie es für die einschlägigen Vorstellungen Altägyptens angenommen wird (Abb. 2). Ob hier aber womöglich etwa über die eigenwillige Perspektive hinaus eine formale Äquivalenz suggeriert wird, so daß der Sonnenlauf am Tage ein vergleichbares Gegenstück in der Nacht hätte? Gewiß erscheint der Tageslauf als die fundamentale Bewegung, in der sich die Zeiterfahrung vollzieht. Ist aber nicht die Nacht von einem ganz anderen Erlebnishorizont bestimmt? Ist dieser nicht eher die zeitindifferente Ruhe der Regeneration, die trotz der in der Unterweltsszenerie benannten Nachtstunden und trotz der Barkenfahrt maßgebend ist: ein Spiegelbild irdischer Perspektive zwar, aber doch im Bewußtsein konturiert, daß im Jenseits alles ganz anders ist als in der erlebten Zeit? Eine Antwort auf diese Fragen kann sich erst am Ende der Betrachtungen finden lassen.

3. Androgyner Gott

Die ägyptische Vorstellungswelt vom Anfang der Schöpfung unter dem Bild des beginnenden Sonnenlaufs ist also keineswegs vom Gedanken an ein ausschließlich männliches Urprinzip beherrscht, wonach die Schöpfung nur von einem maskulin gedachten allgewaltigen Urgott verwirklicht worden sei, der auch selbst ohne Mitwirkung eines weiblichen Prinzips ins Leben getreten wäre. Auch im Blick auf die Genese des höchsten Gottes ist die Theologie dem Blick auf die Erfahrung des Lebens abgewonnen. Gott *wird* nicht anders als menschliches und tierisches Leben.

Auf der Basis der mannweiblichen Genese der höchsten Gottheit ist vor allem das Spektrum der hymnischen Redeformen zu verstehen, die den androgynen Schöpfergott als „Vater und Mutter der Götter und Göttinnen" preisen und die Schöpfertätigkeit als ein Werk dessen feiern, „der alles Seiende gebar". Wie der höchste Gott Amun-Re einerseits als der „Eine" und „Allereinzigste" erscheint, so ist er doch andererseits auch „der Eine, der die Götter gebar, der die Menschen gebar". Selbst der bekannte religiöse Reformator Echnaton, der sich in einer exklusiven und letztlich ganz unägyptischen Weise als Apologet eines rigiden ‚Monotheismus' ausweist, redet seinen einzigen Gott Aton an als „Mutter und Vater dessen, was du insgesamt geschaffen hast". Wir können solche Diktionen nur im Licht des durchgängigen ägyptischen Glaubens an den mannweiblichen Uranfang im Schöpfungsgeschehen und in der schaffenden Urgottheit unter dem Bild der Sonne zu deuten versuchen, selbst wenn sich immer wieder das männliche Gesicht des Schöpfergottes in den Vordergrund zu drängen scheint. Auch hier spiegelt sich nicht zuletzt die gesellschaftliche Erfahrung der ägyptischen Geschichte der Geschlechter wider, in welcher Königinnen auf dem Pharaonenthron wie Hatschepsut oder Tausret in der absoluten Minderheit sind.

Die Ägypter haben die Vorstellung vom mannweiblichen Uranfang aller Lebenswirklichkeit in einem Namen eingefangen: *Kamutef*, wörtlich: „Stier seiner Mutter". Gemeint ist die Zeugungskraft vornehmlich des höchsten Gottes, die derart elementar ist, daß sie sogar der Himmelsgöttin die Geburt ebendieses Gottes ermöglicht. Nach Assmann (1976: 31) verbindet diese Konstellation ein „unvergängliches, im Zyklus der Verkörperungen in Vater und Sohn auseinandertretendes männliches Prinzip mit einem ebenfalls unvergänglichen, aber als Muttergattin in sich selbst verharrenden weiblichen Prinzip". Auch vermählen sich also männliche und weibliche Aspekte, nicht ohne daß der männlichen Initiative ein Tribut gezollt wird, der es verbietet, von einer absoluten Gleichstellung der Geschlechter zu reden. Dennoch: Der Anfang allen Seins ist im ägyptischen Ideengut nicht ohne entscheidende Mitwirkung der weiblichen und mütterlichen Fruchtbarkeit denkbar. Das allem Anschein nach in prähistorischen Vorstellungen Afrikas verwurzelte „Inkorporationsdogma" (Assmann) vom ‚Einzug' des höchsten Gottes in die Muttergottheit und einem ‚Auszug' als der Geburt hat sein Pendant in der Theologie vom Königtum, indem der König als Horus, Sohn des Re, zugleich der Himmelskönigin Isis, als ‚Muttergattin' verbunden ist: „Der Ägypter dachte die spezifische Unsterblichkeit des Königtums im institutionellen Sinne als die Konstellation eines Gottes Horus, der sich in einem unendlichen Zyklus von Verkörperungen in einem weiblichen Komplement, der Göttin Isis, immer wieder selbst hervorbringt" (Assmann 1976: 47). In der radikalen Konzeption vom Einen und Einzigen geht das Miteinander von Zeugungsvorgang und Geburtsgeschehen eine geheimnisvolle Symbiose ein und transzendiert so selbst die empirische Natürlichkeit.

Das mythische Geheimnis besingen zahlreiche Äußerungen in Sonnenhymnen aus Theben, etwa:

> Sei gegrüßt, Urgott der beiden Länder,
> Herr der Maat, ohnegleichen!
> Der Eine, der seinen Erzeuger zeugte,
> der seine Mutter hervorbrachte, seine Hand erschuf ...
> *(Assmann 1999: 144)*

Die „beiden Länder" stehen für Ober- und Unterägypten; die „Hand" für die Gattin des Urgottes, die zugleich seine Mutter ist:

> Lob dir, der entsteht Tag für Tag,
> der sich gebiert jeden Morgen,
> der aus dem Leib seiner Mutter hervorkommt ohne
> Unterlaß! *(Assmann 1999: 151)*

4. Wasserdunkel

Die Nachtseite als mütterliche Heimat gibt ein durchaus positiv gefärbtes Bild jener Wirklichkeit im Vorfeld des täglichen Sonnenlaufs ab, die ansonsten mit ihrer Finsternis keineswegs als attraktive Sphäre angesehen wird, zumal in ihr das Leben nur in seiner Potentialität gedacht zu werden scheint. Der näheren Kennzeichnung der vorweltlichen Situation haben sich andere Vorstellungen der ägyptischen Glaubensphantasie angenommen, die dort ein eindrucksvolles Gefüge von Aktivitäten ansetzen und diese in Ur-Göttern besonderer Prägung repräsentiert sein lassen. Hier hat sich die Theologie des mittelägyptischen Kultortes Hermupolis mit nachhaltiger Wirkung hervorgetan. Bevor der komplexen Sphäre des vorweltlichen Chaos Genüge getan werden soll, dürfen die Elemente der Finsternis und der Urflut eigens bedacht sein, die den Vor-Raum des Eintritts der Sonne in die Lebenswelt bestimmen.

Zum besseren Verständnis der primordialen Dunkelheit kommen uns Darstellungen zu Hilfe, die wie die meisten einschlägigen Bilder aus dem Illustrationsschatz der Gräber stammen. Hier geht es nur scheinbar um lebensabgewandte Fiktionen, die allein der Totenwelt zu eigen wären. Die Szenen entstammen vielmehr lebendiger Imagination, wurzeln also im Vorstellungsvermögen real existierender Menschen, die ihre künstlerische Phantasie in die Präsentation einer geglaubten Wirklichkeit hineinfließen lassen. Erst auf dem Umweg über die eigentliche Existenz im Jenseits werden sie für den Toten wirksam, da sie ihn in den Bann der kreativen Herauslösung aus der Finsternis und der Lichtschöpfung ziehen.

Der dunkle Urgrund ist somit in einem charakteristischen Sinn doppelbödig. Er ist einerseits Heimat des Urgottes in der verborgenen Dimension mutterleiblicher Existenz, andererseits die schwarze Folie, vor der sich die Helligkeit des Tageslichtes um so eindrucksvoller abhebt, je mehr sich der Sonnengott im Laufe seines Aufstiegs von ihr distanziert. In der nachstehenden Illustration (vgl. Abb. 6) wird die Dunkelheit der Nachtseite mit den schwarzen, aber mit hellen Punkten versehenen Dreiecken zu beiden Seiten der Sonne in ihrem Anfangsstadium angedeutet; nichts weist hier auf eine negative Gewichtung hin. Die Nacht ist und bleibt die Geburtssphäre des Tages; in ihr ist das Leben potentiell gegenwärtig. Hier ist die Finsternis nur eine Art Chiffre der Noch-Verborgenheit. Ihr zur Seite steht jeweils die flächig in Wasserlinien dargestellte Urflut (*Nun*), ebenfalls Merkmal der urgründigen Vor-Welt, aus der das Leben erwächst, wiederum ohne abwertende Signifikanz. In der Urflut ist ebenfalls die Entfaltung der Vegetation und allen Lebens im Kern vorhanden, wie die geschaffene Welt insgesamt ohne Wasser undenkbar ist. So wohnt dem Urwasser keineswegs ausschließlich jene negative Konnotation inne, die ihm zuweilen beigelegt wird, wenn man die Vorstellung der wäßrigen Untiefe in den Vordergrund stellt. Diese durchaus positive Einschätzung entspricht einem Urteil über die aktive Rolle der vorweltlichen Sphäre, die nicht in dumpfer Passivität gedacht wird. Es ist ja auch ganz klar, weshalb sowohl die Dunkelheit wie auch die Wasser in einem geradezu schöpfungsinitiierenden Sinn betrachtet werden können, sind sie doch gerade die umgebenden Elemente der embryonischen Existenz, die sich in der Verborgenheit des Mutterschoßes und im Fruchtwasser vollzieht. Auch hier werden Erfahrungen und Beobachtungen zum Werdeprozeß des Menschen Ausgangspunkt und Maßstab eines kosmotheologischen Weltbilds.

Abb. 6

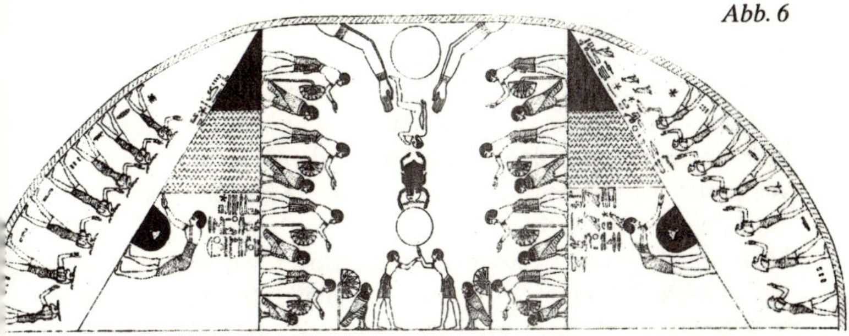

Die angesprochene Szene zeigt noch ein weiteres nach wie vor nicht leicht zu deutendes Begleitphänomen zum Aufgang der Sonne: jeweils eine sich über eine überwiegend schwarzfarbige Erhebung beugende Gestalt, die mit den Händen das Ur-Wasser zu berühren scheint. Beiderseits im Feld hinzugefügte Beischriften sprechen vom „großen Gott", wohl dem Sonnengott, der als Bewohner einer „Höhle", d. h. wohl des urzeitlich-jenseitigen Raums, erscheint. Vielleicht ist der schwarze Hügel als jene „Höhle" des Sonnengottes gedacht, die dieser vor seinem Austritt aus der Unterwelt als Vorwelt bewohnt. Ein Text der zwölften Stunde des Buches „In der Unterwelt" (*Amduat)* weiß Näheres über diese Höhle zu berichten:

Verweilen durch die Majestät dieses großen Gottes
in dieser Höhle des „Endes der Urfinsternis".
Geboren wird dieser große Gott in seiner Erscheinungsform
des Chepri bei dieser Höhle.
Es treten in Erscheinung Nun und Naunet,
Huh und Hauhet bei dieser Höhle,
zur Geburt dieses großen Gottes,
daß er herausgehe aus der Unterwelt
sich niederlasse in der Tagesbarke
und aufgehe aus den Schenkeln der Nut.

(Hornung 1989: 182)

Urfinsternis und Urwasser (*Nun*) umfangen also den Sonnengott in dessen Ursprungsphase (*Chepri*), ohne damit von vornherein in unaufhebbarem Widerspruch zur lebensfreundlichen Entfaltung des Lichtes gesehen werden zu müssen. Der Sprecher eines Hymnus an den Sonnengott möchte sogar „von der Wasserflut trinken, aus der du hervorkamst" (Assmann 1999: 117). Die Kommentare zum Bild der Himmelsgöttin Nut im Osireion von Abydos (vgl. Hornung 1989: 485f) kennzeichnen die „Urfinsternis" und das „Himmelswasser der Götter" als den „Ort, aus dem die Vögel kommen", d. h. wohl die Boten des kommenden Lebens, die „Menschengesichter und Vogelgestalt" haben und so der Wirkkraft der ägyptischen „Seelenvögel" (*Ba* genannt) nahekommen. Der gleiche Kommentartext findet die „Urfinsternis" aber auch in den „fernen Gegenden des Himmels", deren Himmelsrichtungen „im Urgewässer befestigt" sein sollen, wo es „kein Leuchten des *Ba*" gebe. Kein Wunder, daß der Rand der Mittelszene mit jubelnden Göttern besetzt ist:

Man stimmt Jubellieder an bei deinem Aufgang im Urgewässer
und Lobgesänge aus Ehrfurcht vor dir;
die Götter des Himmelskreises demütigen sich vor dir.

(Assmann 1999: 283)

Hier treffen die Kontraste im Verständnis der Urphänomene aufeinander, ohne miteinander harmonisiert zu werden. Der Urzustand ist eben nicht auf den beständigen Verbleib hin ausgerichtet, da er lediglich immer wieder der Regeneration, nicht der Ausschöpfung der lebendigen Potenz dient. Er ist keineswegs ein erstrebenswerter Idealzustand als jenseitiges und himmlisches Paradies, sondern tritt in gefährliche Nähe zu den lebensbedrohenden Konstituenten des chaotischen Raums, dem sich die Spekulationskraft der Ägypter mit genuiner Phantasie gewidmet hat.

Ein Text der zweiten Stunde des Unterweltbuches *Amduat* spricht den ambivalenten Charakter der Finsternis in einer Aufforderung an den Sonnengott Re an, dessen allmähliche Emanzipation auch eine Transformation des Chaos mit sich führt:

> Vertreibe die Finsternis im Verborgenen Raum
> in deinem Namen „Der den mit verborgenem Arm vertreibt“!
> Erhellt ist die Urfinsternis, damit das „Fleisch“ lebt und sich erneuert in ihr! *(Hornung 1989: 78)*

Ein Sonnenhymnus preist Re:

> Der im Himmel aufgeht und seinen Tau gibt,
> er hat die Finsternis vertrieben mit seinen Strahlen.
> Sohn des Urozeans, Vater der Götter,
> göttliches Bild inmitten des Firmaments.
> *(Assmann 1999: 131)*

Urfinsternis und Urwasser müssen demnach um der kreativen und aktuellen Lebensentfaltung willen immer wieder verlassen werden und nehmen damit allerdings auch Anteil an den Negativaspekten, die den Mächten der chaotischen Welt innewohnen. Diese unheilschwangere Nachbarschaft wird in den nachhaltigen Entwürfen transparent, die eine ausgesprochene „Ur-Götter-Lehre“ zu bieten scheinen.

5. Die ersten Acht

Die schon erwähnte Theologie des mittelägyptischen Ortes Hermupolis (gegenüber dem bekannteren Tell el-Amarna, der Hauptstadt des Echnaton) läßt die Zustände der vorweltlichen Phase im Vorfeld des Schöpfungsgeschehens durch Götterfiguren, genauer durch vier Götterpaare vertreten sein, die bestimmte Eigenheiten des uranfänglichen Chaos repräsentieren. Hier ist zunächst das Götterpaar *Nun/Naunet* zu nennen, das besagte Urgewässer, das vor allem in den Texten zur Zeit der Herrschaft von Griechen und Römern in Ägypten die wäßrige Untiefe als Abgrund der Unwirtlichkeit und „schwarzes Loch" meint. Die Zuweisung eines männlichen und weiblichen Abgrunds in die lebensfeindliche Welt drückt die Totalität der Kontrastzone aus, zugleich aber auch die negativ bestimmte Virulenz, die trotz der ägyptischen Sinngebung des Grundwortes *nnj* „träge" die beklemmende Sogkraft der Wassertiefe bestimmt. Auch die Finsternis, nunmehr näher qualifiziert durch das Götterpaar *Keku/Kekuit*, bewegt sich in der Opposition zur Helligkeit und übt ihrerseits einen zerstörerischen Einfluß aus. Sie führt einen beständigen Kampf gegen das Licht und bildet so eine archetypische Konfrontation gegen die Entfaltung des Lebens. Die beiden Urgötterpaare beschränken ihre bedrohliche Aktivität nicht auf den Raum der Vorwelt. „Urgewässer und Urfinsternis waren schon vor der Schöpfung, aber sie sind keine fernen Horizonte, sondern zum Greifen nahe, das ‚dunkle' Wasser der Nilüberschwemmung kommt ebenso von dort wie die nächtliche Dunkelheit, und der Schläfer taucht hinab in Tiefen, in denen er Göttern und Verstorbenen begegnet" (Hornung 1992: 87).

Zwei weitere Götterpaare gesellen sich zu diesen Kernphänomenen des Chaos hinzu. Es sind *Huh/Huhet*, offenbar als Verkörperung der stürmischen Wassergewalt anzusehen und – was besonderer Erläuterung bedarf – *Amun/Amaunet* als Repräsentation des unfaßbar Verborgenen, zugleich das Götterpaar, das sich sprachlich und semantisch von den drei anderen abhebt und in seiner Position einem deutlichen Wechsel mit analogen Bezeichnungspaaren ausgesetzt ist. Diese Austauschbarkeit hängt gewiß mit der fehlenden Eindeutigkeit und Definierbarkeit des Negativzustands zusammen, der weit eher als der der Nachbarn dem positiven Verständnis des respektablen Mysteriums zuneigt. Das Paar *Amun/Amaunet* kann näherhin gelegentlich gegen die Götterpaare *Niau/Niauet* „Nichtsein, Nichtigkeit" bzw. *Tenemu/Tenemuit* „Verschwinden, Unsichtbarkeit" u. ä. ausgewechselt werden, die eindeutiger als *Amun/Amaunet* der Negativbefindlichkeit verhaftet sind (Sethe 1929: 67–74).

Es muß daher nicht erstaunen, daß dem Götterpaar *Amun/Amaunet* nur ein begrenzter Aufenthalt in dem Urgötter-Ensemble vorbehalten ist. Vielleicht kann man von Amun sagen, der ja nun als Hauptgott des Neuen Reiches eine steile Karriere bis zum Vater der Götter aufzuweisen hat und mit dem Sonnengott Re eine Verschmelzung einzigartiger Natur eingegangen ist, daß er eine genuine Emanzipation hinter sich hat. Das achtzigste Lied des Großen Leidener Hymnus besingt diese besondere Theogonie:

> Die „Acht" waren deine erste Verkörperung,
> damit du sie zur Einheit vollzählig machst.
> Geheim war dein Leib unter den Uralten,
> du hast dich verborgen als Amun an der Spitze der Götter. *(Assmann 1999: 329)*

Amuns unaufhaltsamer Aufstieg führt ihn von der Sphäre der unauslotbaren und lebensfernen Tiefe der Verborgenheit in die Wirklichkeit der Vitalität, als deren absolutes Prinzip er in die ägyptische Religionsgeschichte eingegangen ist. Gerade der Gott, der die Anfeindung des Lebens, mithin auch das chaotische Böse, erfahren hat, wird in Ägypten zum glaubwürdigen Träger der lebensfördernden Initiativen und zum Freund aller Kreatur. Der Gott, der das Böse kennt und durchschaut, distanziert sich von ihm und tritt als Überwinder des Chaos in das Bewußtsein des Glaubens. Bevor Weiteres zur substantiellen Bedeutung dieser Göttergestalt im ägyptischen Pantheon zu sagen ist, darf die wiederum archetypische Funktion des uranfänglichen Chaosüberwinders herausgestellt werden, der allen späteren Modellen bis hin zum ‚Sieger über Tod und Teufel' konzeptionell vorangeht.

Bei der undogmatischen Darstellungsweise ägyptischer Weltsicht muß man sich nicht wundern, daß auch das vermeintliche System der lebensfernen Chaoswelt Schwankungen in seiner Wertung erfahren hat. Die durchaus nicht passive Befindlichkeit wurde schon notiert; ihre Partizipation am Schöpfungsgeschehen manifestiert sich in aller Widersprüchlichkeit ihrer Funktionen, wenn von der Mitwirkung der Ur-Götter am Aufstieg des höchsten Gottes die Rede ist. So können in den ramessidischen Hymnen an den „Schöpfer- und Weltgott" (Assmann) Amun-Re bereits die Überschriften den folgenden Hymnus als „gesprochen von den Acht Urgöttern" u. ä. ausweisen, um dann mit der Preisung des Hochgottes zu beginnen, in welcher der Sonnengott u. a. als „Sprößling der Acht Urgötter" tituliert wird (Assmann 1999: 304f). Ausdrücklich heißt es etwa von den „großen Acht der ersten Urzeit", daß sie „den Gott in ihrer Mitte verehrten" (Assmann 1999: 311). In all diesen Fällen sind die Ur-Götter nun keineswegs bloßes Spielmaterial in der Hand der ägyptischen Theologen, die sie nun je nach Bedarf mal positiv mal negativ konturieren. Es kann vielmehr nicht anders sein, als daß die Doppelgesichtigkeit zu ihrem Wesen gehört.

Die Urfinsternis ist so wie alle anderen Gegebenheiten der Vorwelt sowohl tödlich wie lebendig, sowohl Feind wie Freund des Sonnengottes. Der Sonnengott muß demnach die Phase der absoluten Abstinenz von den lebensförderlichen Elementen durchstehen, muß sogar vollkommen in die Negation des Lichtes eintauchen, um so eine totale Regeneration seiner selbst zu ermöglichen. Der Tod des Sonnengottes ist ein notwendiges, seiner Wiedererstehung unbedingt zuträgliches Ereignis. Der höchste Gott muß immer wieder sterben, um immer wieder neu geboren zu werden.

Hier darf wiederum daran erinnert werden, daß selbst solche in ihren Konsequenzen für die Religionsgeschichte gerade auch außerhalb Ägyptens fundamentalen Einsichten ihre Basis in den einfachen Erfahrungen des natürlichen Lebens und in dem umsichtigen Beobachtungsvermögen des Ägypters haben. Es ist doch der Mutterschoß als „Höhle“ des Embryos, der einerseits mit bewahrender Dunkelheit und nährendem Lebenswasser ausgestattet ist, andererseits aber auch den allbekannten und zugleich verborgenen Gefährdungen in der Zeit des Austragens ausgesetzt ist.

Das Bild des ägyptischen Konzepts von den Ur-Göttern kann nicht ohne den Blick auf eine unmittelbare Nachwirkung im sogenannten ersten Schöpfungstext der Bibel (Genesis 1,1–2,4a) betrachtet werden, da hier die Ur-Götter-Lehre ein Gegenstück in der Darstellung der Vorwelt hat. Nach Gen 1,2b befindet sich die „Finsternis“ über dem „Abgrund“, wobei die in der hebräischen Sprache gewählten Bezeichnungen den Ur-Göttern *Keku/Kekuit* bzw. *Nun/Naunet* entsprechen. Wie in den seitlich begleitenden Szenen zum Sonnenaufgang nach Abb. 6 befindet sich die „Urfinsternis“ oberhalb des „Urgewässers“. Von größerem Gewicht ist der ägyptische Hintergrund zu Gen 1,2c, wonach der „Geist Gottes“ über den „Wassern“ schwebt. Hier kann kaum anders als an den „Geist-Gott“ Amun als Repräsentanten des Verborgenen und Geheimnisvollen gedacht werden, der seinerseits die stürmischen Elemente des „Urwassers“ im Zaum hält, um sich immer wieder von ihnen zu lösen. Vielleicht kann auch für diese Vorstellung auf unsere Abb. 6 Bezug genommen werden, da hier im dritten Seitenfeld der Sonnengott allem Anschein nach die Urwasser kontrolliert. Die knappe Skizze der Chaoswelt in Gen 1,2 mitsamt der wohl ihrerseits aus ägyptischem Sprachmaterial erklärlichen Bezeichnung „Tohuwabohu“ für die totale Orientierungslosigkeit bedarf im Unterschied zur ägyptischen Szenerie nicht des Auftritts von Ur-Göttern auf der vorweltlichen Bühne, sondern läßt einzig und allein den Schöpfergott wirksam sein, den die priesterschriftlichen Autoren wohlweislich *Elohim* nennen, um ihm später dann auch noch ein Redevermögen im Wir-Stil und Bilder seiner selbst in der

Menschheit zu attestieren (Gen 1,26–28). Einheit *und* Vielheit in Ägypten wird in Israel durch Vielheit *in* Einheit substituiert.

6. Gott als Kind

In der Frühphase seiner Existenz im Mutterleib der Himmelsgöttin erscheint der Sonnengott als Kind im embryonalen Zustand. Dieser Aspekt gehört in das bildliche Repertoire der vorgeburtlichen Verfassung, die der Ägypter in vielfältigen Varianten illustriert. So zeigt Abb. 7 eine Kompaktszene aus dem „Buch vom Tage" (Hornung 1989: 486–488), bei der unterhalb der Vulva der Himmelsgöttin zunächst die Sonnenscheibe und der geflügelte Käfer, dann aber ein weiteres Mal die Himmelsgöttin im Kleinformat gezeigt wird, und zwar zwischen zwei Assistenzgöttinnen in seltener Frontalposition:

Abb. 7

Mit ihren Armen umfaßt sie ihren Bauch in der Form einer kleinen Sonnenscheibe mit dem sichtbaren Kleinkind darin, um dieses dem Gott Schu als dem Träger des Himmels zu überreichen. Eine große Barke und darunter die Barken des Tages sowie der Nacht repräsentieren den Weg des Sonnenlaufs. Die Sonnenscheibe mit dem Kleinkind steht freilich im Zentrum der ganzen Szenerie, ein Dokument der hymnischen Preisung: „Die Arme deiner Mutter sind als Schutz um dich" (Assmann 1999: 149).

Eine weitere Phase kommt mit dem Heraustreten des Kindes aus dem Mutterleib zum Vorschein. Hier können wir uns endlich dem Mittelteil der Aufstiegsszene in Abb. 6 zuwenden, wo nur noch die Arme der Himmelsgöttin erkennbar sind, die den jugendlichen Sonnengott auf die Himmelsbahn entlassen. Diese Idee des wachsenden Sonnenkindes ist mit dem Namen *Chepri* verbunden, eine Bezeichnung, die mit der ägyptischen Wortwurzel *cheper* „sein, werden" zu verknüpfen ist und den „werdenden" Gott anzeigt. Der Vorgang des Aufstiegs selbst wird mit dem Käfer manifestiert, der zugleich die Hieroglyphe für die genannte Wortwurzel darstellt.

Es ist nur zu verständlich, wenn sich auch die Hymnentexte zum Aufstieg des Sonnengottes dieser Phase annehmen, wenn sie etwa folgenden Begrüßungsruf bieten:

> Gegrüßt seiest du, Re, bei deinem Aufgang,
> Amun, Macht der Götter!
> Der aus seiner Mutter hervorgeht jeden Tag,
> er ist der Jüngling der Morgenfrühe.
>
> *(Assmann 1999: 147)*

und dabei in doxologischen Prädikationen sogar Autogenese und unermüdliche Regenerierbarkeit des Sonnengottes apostrophieren:

> Re ist er, Harachte,
> dieser göttliche Jüngling, der Erbe der Ewigkeit,
> der sich selbst erzeugt und gebiert.
>
> *(Assmann 1999: 153)*

Große Sonnenscheibe mit leuchtenden Strahlen,
wenn er sich zeigt, lebt jedes Gesicht.
Der den Himmel überquert, ohne zu ermüden,
Morgen für Morgen, dessen Aufgabe fest besteht.
Der Greis, der am Morgen als Jüngling aufsteht,
der bis an die Grenzen der Zeit reicht.

(Assmann 1999: 321)

7. Widerstand

Ein Motiv, das sich aus der Symbiose von Schutz und Gefahr ergibt, ist das der originären Überwindung der Feinde, ein Thema, das sich in der Kosmo-Theologie Ägyptens auf den Durchbruch des Sonnenaufgangs im Osten bezieht, wo sich die Feinde des Sonnengottes versammeln, um diesen am Aufstieg zu hindern. In variabler Weise wird die morgendliche Überwindung des Ur-Feindes hymnisch besungen und zugleich drastisch beschrieben:

Der Rebell ist gefallen, seine Arme sind gebunden
das Messer hat seine Wirbel durchschnitten.

(Assmann 1999: 117)

Der Widersacher ist von deinem Wege vertrieben.

(Assmann 1999: 118)

Der Frevler ist gefallen, seine Arme sind abgeschnitten.

(Assmann 1999: 129)

Bereits unmittelbar vor seinem Aufgang wird der Sonnengott mit dem Chaosmonstrum *Apophis* konfrontiert, dessen überdimensionaler Schlangenleib sich ihm als „Sandbank“ in den Weg legt und dessen schreckliches Gebrüll seinen Ort in der Finsternis signalisiert (vgl. Hornung 1989: 45–47). Das Unterweltsbuch *Amduat* widmet sich besonders mit seiner siebten Stunde der Schilderung und Überwindung dieses Hindernisses, wobei sogar Gottheiten im Gefolge der Ur-Götter, darunter eine feuerspeiende ‚Gegenschlange mit magischem Auge‘, behilflich sind:

> Sie sind es, die den Apophis abwehren
> im Osten des Himmels, nach der Geburt des Gottes.
> Was sie zu tun haben:
> die Erhebung der Großen Sonnenscheibe zu veranlassen
> im östlichen Horizont des Himmels, Tag für Tag.
> Es ist „der mit dem Auge brennt“, welcher die Feinde Res am Morgen kocht. *(Hornung 1989: 191)*

Jan Assmann (1983 b: 75) hat für Diktionen dieser Art, die bereits die Überwindung und den Sieg statuieren, das Stilmittel der „behobenen Krise“ benannt. Damit wird auf beschwörende Weise der Widerstand nicht nur im Vollzug gebrochen, sondern von vornherein für ineffektiv erklärt. Der Sonnengott läßt sich letzten Endes durch keinerlei Gegengewalt aufhalten, mag ihm auch im Laufe der Überquerung des Tag- und Nachthimmels Apophis immer wieder aufs Neue zu schaffen machen wollen.

Der mythische Feind aus dem Osten steht freilich nicht ohne Beziehung da zu den geschichtlichen Erfahrungen Ägyptens im Widerstreit mit den Bedrohungen von der an den asiatischen Raum angrenzenden östlichen Wüste her, die seit dem Alten und Mittleren Reich, besonders aber nach dem Niedergang der ägyptischen Hegemonie in der Assyrer- und Perserzeit, dem Nilland zu schaffen gemacht haben. Die mythische Konstellation des Feindes beim Sonnenaufgang kann die geschichtliche Aversion gegen das östliche Ausland ebenso angeregt haben wie umgekehrt der Mythos von der Empirie intensiviert worden sein mag.

Die mythische Dimension des Feindes gilt es auch zu beachten, wo ähnliche Bilder in späterer Poesie wie vor allem in den biblischen Psalmen auftauchen. In ägyptischer und biblischer Bildsprache geht es gleichermaßen nicht zwingend um die Auseinandersetzung mit physischen Gegnern, wohl aber mit dem lebensbedrohlichen Bösen, das sozusagen vordergründig und leibhaftig wird sowie auf der Bühne des Welttheaters von Individuen oder Monstren symbolisch repräsentiert wird. Das häufig inkriminierte Feindbild der Psalmen relativiert sich und potenziert sich zugleich angesichts der scheinbaren Übermacht des elementaren Widerstands, der jedoch nur geeignet ist, die Macht des Schöpfers um so mehr zu demonstrieren.

So fällt der Apophisschlange trotz aller massiven Inkriminierung doch wiederum eine gewisse Notwendigkeit ihrer Existenz zu, da sie mit ihrer zwangsläufigen Unterlegenheit die effektive Oberhoheit des Sonnengottes nachdrücklich und immer wieder zur Geltung bringt. Ihre Anstößigkeit provoziert eine imaginäre Siegespose, deren Zurschaustellung selbst apotropäischer Natur ist. In Apophis „verkörpert sich das Nichtsein, dem er angehört; damit ist er bleibende Herausforderung der Schöpfungsordnung, hat aber zugleich an den positiven, regenerierenden Kräften der Welttiefe Anteil“ (Hornung/Brodbeck 1975: 351).

Die mythologische Konstellation einer Gottheit, die die Apophisschlange als die Verkörperung des Sonnenfeindes mit dem Speer trifft, kann in nahezu stereotypen Szenen wiederkehren, um so die Kontinuität der Herausforderung mitsamt des garantierten Erfolges zu demonstrieren. Überdies steht sie offenbar in der begleitenden Nachbarschaft, wenn nicht im Hintergrund der zahlreichen Feindüberwindungsszenen, bei denen der vergöttlichte König den Gefangenen beim Schopf packt, um ihn weit ausholend mit seiner Keule zu schlagen. Der Typ des „schlagenden Gottes“ hat allem Anschein nach in Ägypten seine ideologische Formung erhalten, um dann auch über die ägyptischen Grenzen hinaus das einschlägige Vorstellungsgut der östlichen Nachbarn, wie vor allem Palästina/Israels, prägen zu helfen.

Ein Dokument der Miniaturkunst vermag näherhin zu zeigen, daß die von Haus aus dem Sonnengott zukommende Kompetenz der Feindvernichtung auch in den individuellen Bereich der Schutzbedürftigkeit vor jedweder Gefahr hineinreicht (Abb. 8).

Die uranfängliche Feindbezwingung durch oder auf Initiative des Sonnengottes ist so verständlicherweise auch zum

Abb. 8

Urdatum der magischen Beherrschung von Gefahren geworden, die sich in der Schöpfung und im menschlichen Leben auftun. Die Orientierung an einschlägigen Szenen und die Beschwörung der göttlichen Autorität sollen vor allem zu einer elementaren Überlebensstrategie verhelfen. Anstrengungen und Erwartungen dieser Art dürfen allerdings nicht einfach als anthropomorphe und gar hybride Manipulationsversuche diskreditiert werden; auch den scheinbar simpelsten Szenen und Ritualen der Feindüberwindung wohnt mit dem Versuch der Gefahrendämmung auch das Bewußtsein letzter Angewiesenheit auf die begleitend-schützende Garantie des höchsten Gottes inne, so daß auch dem Ägypter der Glaube im Sinne des Sich-Verlassens auf Gott keineswegs abgesprochen werden darf. Magie steht nicht in einem unüberbrückbaren Gegensatz zum Vertrauen.

II. Ur-Welt

Der Vor-Welt folgt die Ur-Welt, deren Verwirklichung durch den vorweltlichen Gott der Schöpfung ermöglicht wird. Das Mysterium dieses Gottes besteht in der Dialektik der Freigabe durch die Mächte der Vor-Welt einerseits und der bleibenden Verborgenheit andererseits. Diese Spannung ist konstitutiv für das allmähliche Werden des Lebensraums und der Lebenszeit.

1. Ur-Vogel

Vom Aufgang des Sonnengottes geben Vögel Kunde, die aus dem Bereich der Urfinsternis und des Urgewässers stammen. So sieht der Ägypter die primären Kontakte, die Unterwelt und Welt miteinander verbinden:

> Diese Vögel haben Menschengesichter und Vogelgestalt. Einer spricht zu anderen in menschlicher Sprache. Sobald sie gekommen sind, um Kräuter zu fressen und sich in Ägypten zu ernähren, schweben sie herab unter den Strahlen des Himmels und nehmen ihre Vogelgestalt an. *(Hornung 1989: 486)*

Die Vogelgestalt aus der elementaren Machtzone, in ägyptischer Terminologie auch „*Ba*" genannt (*Ba* ist auch die Bezeichnung der vogelgestaltigen und menschengesichtigen „Seele" als Wirkkraft im Menschen), findet gerade in den Vorstellungen Anklang, die die Schöpfung als Werk und Aufgabe des Sonnengottes ins Spiel bringen. Wenn mit dem Sonnenaufgang diese Welt immer neu in Szene gesetzt und aktuell verwirklicht wird, ist dies auf die Vermittlung der Ur-Vögel zurückzuführen, so daß auch die Grundideen von der In-Gang-Setzung des Lebens auf der Erde überwiegend mit dem Herabkommen der göttlichen Schöpferkraft in Gestalt eines Vogels illustriert werden, der schließlich ein Ei legt, aus dem dann das Leben hervorgeht. Doch gibt es auch hier bezeichnende Zwischenschritte und Phasendetails.

Das neunzigste Lied des sogenannten Tausend-Strophen-Hymnus aus dem Ende der 18. Dynastie (heute im Museum Leiden) weiß von dem allerersten ‚Botenvogel' des Ur-Gottes Amun zu berichten:

> Seine Erscheinungsform erstrahlte zum erstenmal,
> und alles Seiende erstaunte vor seiner Hoheit.
> Er ließ seine Stimme erschallen als „Großer Gackerer"
> an dem Bezirk, den er geschaffen hatte, als er allein war.
> Er begann zu sprechen inmitten des Schweigens.
> *(Assmann 1999: 330)*

Das hiernach zuerst ausgesandte Detail ist die Kommunikation durch die Stimme. Das gemäß der alltäglichen Bindung religiöser Symbolik in Ägypten wiederum dem Erfahrungssektor entstammende Rufen und Schreien des majestätischen Vogels entfacht die Sinne der Welt, um so mehr, da das Schweigen gebrochen wird. Mehr noch: das laute ‚Gebrüll‘ hat eine Wirkkraft, die der universalen Dimension des Schöpfergottes entspricht. Wenn schon dem Pharao mit seiner weitreichenden Stimme und seinem lauten Organ in der Phraseologie der Königsideologie weltpolitische Kompetenz zugesprochen werden kann, dann um so eher dem Sonnengott, der mit dem Ur-Vogel die Schöpfung aus dem Schlaf der Finsternis und der Sprachlosigkeit aufweckt:

> Der alle Augen öffnete, er machte, daß sie sehen.
> Er fing an zu rufen, als die Erde in Schweigen lag,
> sein Gebrüll lief um, ohne daß ein anderer noch da war.
> Er brachte das Seiende hervor, gab, daß sie leben,
> ließ jedermann den Weg erkennen zum Gehen;
> ihre Herzen leben auf, wenn sie ihn schauen.
>
> *(Assmann 1999: 330)*

Die Bezeichnung des Ur-Vogels als „Großer Gackerer“ (ägypt. *Negeg wer)* läßt auf die Vorstellung einer Gans, näherhin wohl der Nilgans schließen, die zugleich als heiliges Tier des Gottes Amun gilt. Die Nilgans, wohl auch schon mit ihrer ägyptischen Bezeichnung *semen* über die beiderseits tragenden Konsonanten *m* und *n* mit dem Namen des Hochgottes verwandt, findet auch in der Ikonographie überdurchschnittliche Beachtung. In Verbindung u. a. mit einer hieroglyphischen Wiedergabe des Gottesnamens findet sie gern Platz auf der Flachseite von Skarabäen, um so dem Bedürfnis nach einer vitalisierenden Begleitung durch den verborgen-hilfreichen Gott Amun zu entsprechen (Abb. 9):

Abb. 9

Dazu kann sie sozusagen in ‚Augenhöhe‘ gegenüber dem thronenden Amun dargestellt werden (Görg 1997: 100) oder, was für unseren Zusammenhang noch bedeutsamer ist: in zweifacher gegenständiger Ausführung, Lotosblüten als Ur-Pflanzen einrahmend (Abb. 10).

Abb. 10

Hier steht außer Frage, daß die Gans als Botenvogel des Lebensgeistes die beginnende Schöpfung mit der göttlichen Vitalität versieht. Eine Vielzahl von Eiern unterhalb dieses Ensembles unterstützt diesen kosmogonischen Aspekt, der mit der alles überragenden Flügelsonne seine hintergründige Legitimation findet. Amun ist es, der die Sphäre der Luft beherrscht und den Lebensatem einflößt: „Er ließ die Gänse auffliegen im Luftraum, und sie schweben nieder auf dem Hauch seines Mundes“ (Assmann 1999: 307), eine bildhafte Manifestation des universalen Schöpferwillens dieses Gottes, der wie kein Zweiter aus der Verborgenheit in das Entbergen eintritt, um Geborgenheit zu gewähren.

Auch die Vorstellung vom lebensvermittelnden Ur-Vogel hat in die biblische Sprache Eingang gefunden: die Rede vom anfänglichen „Geist Gottes“, der über den stürmischen Wassern ‚schwebt‘, genauer wohl: ‚seine Schwingen ausbreitet‘, kann kaum anders als auf dem Hintergrund ägyptischer Konzeptionen verstanden werden, wonach dem Ur-Vogel auch die Kompetenz der Loslösung und Emanzipation von den Sogkräften des Chaos zukommt.

Ein vergleichbarer Ur-Vogel ist auch der Falke, dem schon in seiner natürlichen Verfassung überragende Steighöhe und Weitsichtigkeit attestiert wird, womit er sich bestens als Symboltier eines Gottesboten eignet. Der dem Falkenvogel in erster Linie verbundene Gott ist freilich der Sonnengott Re selbst, indem er falkengesichtig dargestellt wird, dann aber als nächster sein Stellvertreter *Horus*, der seinen Namen deswegen trägt, weil er aus der ‚Ferne' kommt. Dem Universalgott Amun-Re kommt Ferne und Nähe in höchster Potenz zu.

Ein Kulthymnus des Amuntempels in der Oase el-Hibe aus der Perserzeit feiert den höchsten Gott unter der Namenskonstellation Amun-Re-Harachte als „Falke der Falken, Buntgefiederter, Lebendigster unter den Göttern" (Assmann 1999: 299).

> Gekommen ist der Einherr, stark an Hoheit,
> königlicher als Götter und Menschen;
> erlauchter Falke mit buntem Gefieder,
> Sperber, der über die Maat zufrieden ist.
>
> *(Assmann 1999: 309)*

Dem göttlichen Ur-Vogel kommt im Rahmen seiner mächtigen Allgegenwart und Übersicht auch der aggressive Zug zu, der dem Raubvogel innewohnt:

> Ehrwürdiger Falke, der im Lichtland erscheint,
> der die beiden Länder festlich macht mit seinen
> Strahlen;
> der „das Schwarze" umläuft und „das Rote" umkreist,
> Raubvogel, der die „neun Bogen" umrundet!
>
> *(Assmann 1999: 189)*

Der höchste Gott umgreift mit seinen Schwingen nicht nur Ober- und Unterägypten sowie das „schwarze" Kulturland und die „rote" Wüste, sondern beherrscht auch die bewohnte Welt („Neun Bogen") insgesamt. Gott als ein „Raubvogel, der leuchtet mit seiner Flamme, der einherfährt in seinen beiden Augen" (Assmann 1999: 307) hinterläßt möglicherweise auch darin seine Spuren im originären Verständnis des biblischen Gottesnamens JHWH, sollte dieser ursprünglich mit den Raubvögeln Adler und Geier verglichen worden sein (Görg 2000a: 10–14).

2. Ur-Ei

Daß aus dem Ei neues Leben entspringt, war dem Ägypter so sehr vertraut, daß dieses Wissen wohl zum tragendsten Symbol in der ägyptischen ‚Theologie' geworden ist. Gerade der hymnischen Sprache der Amarnazeit merkt man die Begeisterung des Dichters über die Sprache der göttlichen Natur an:

> Wenn das Küken im Ei redet in der Schale,
> dann gibst du ihm Luft darinnen, um es zu beleben;
> du hast ihm seine Frist gesetzt,
> um sie zu zerbrechen im Ei;
> es kommt heraus aus dem Ei, um zu sprechen zu seiner Frist;
> es läuft auf seinen Füßen, wenn es aus ihm herauskommt. *(Assmann 1999: 219f)*

Das eigentliche Ur-Ei ist der Götterkönig Amun, von dem es auch heißen kann, daß er „von selbst entsteht inmitten seines Eis" (Assmann 1999: 188). Er ist es, „der selbst sein Ei formte" (331) oder „der nach oben stieg aus seinem Ei" (275). „Der kosmische Rang des Gottes im Ei gibt dabei dem Ei selbst den Rang eines Welteneis, das als kosmogonische Größe am Anfang steht, und hebt es aus dem Bereich der bloßen Metapher hinauf" (Morenz 1975: 462). Das Ur-Ei der geschaffenen Welt ist das „Ei des Großen Gackerers", also das Ei der Nilgans, des dem Götterkönig Amun zugeordneten Vogels. Das „Hüten des Eis des Großen Gakkerers", wie es etwa Senmut, dem Hausvorsteher und Erzieher unter der Pharaonin Hatschepsut zugeschrieben wird, ist ein mythologisches Synonym für den Dienst an Amun. In dem genannten perserzeitlichen Hymnus auf Amun aus dem Amuntempel von El-Hibe heißt es:

> Du erschienst in der Flut als verborgenes Ei,
> die Göttin Amaunet war in deinem Gefolge.
> *(Assmann 1999: 314, vgl. auch Morenz 1975: 467)*

Der Kontext redet ausdrücklich vom „Niederschweben" des Vogels, wobei man sich vorstellen darf, „daß das Ei im Wasser, aber in Landnähe – wohl im Sumpfe – lag" (Morenz 1975: 467). Doch sollte man die mythische Phantasie nicht dirigieren wollen. Wenn Siegfried Morenz später (469) einschränkend bemerkt „Man darf dabei nicht erwarten, daß das Ei das schlechthin Erste ist. Ein Vogel mag es gelegt haben, ein Ort mag da sein, an dem es liegt. Die eigentliche Welt aber, die sich dem Menschen darstellt, wird erst aus dem Ei und dem Gott, der ihm entschlüpft", sei doch auf die genuine ‚Logik' mythologischer Sprache verwiesen, die das Einssein der Vorgänge insinuiert.

Auch für den Ur-Falken wird die Verbindung mit einem Ur-Ei postuliert. Gemeint ist Horus, der als der „Falke im Ei" oder als „Niederschwebender, der sich in seinem Ei befindet" apostrophiert werden kann (vgl. Morenz 1975: 464). Beherrschend ist aber zweifellos die Verbindung des „verborgenen Eis" mit der Ur-Gans des Amun, selbst wenn auch der Gott Ptah von Memphis als Bildner des Welt-Eis erscheinen kann, um so auch in die phönikische Kosmogonie hineinzuwirken.

Die Vorstellung vom Welt-Ei ist in Ägypten u. a. auch an die Betrachtung des gewölbten Taghimmels geknüpft, dessen Dimensionen das kosmische Gegenstück zum Miniaturgeschehen im Ei der Lebewesen ausmachen. Der Ägypter verglich den Himmel mit einer Eierschale und nannte die Schale *Bia*: „Der Himmel ist die Schale des Ureis, das bei der Urschöpfung auf dem Urwasser auftauchte" (Graefe 1971: 66). Nach dieser Vorstellung kommt aus dem Zerbrechen der Eierschale und Öffnen des Himmels der Einfall des Lichtes, das für die Entfaltung des Lebens unerläßlich ist.

Die mythologische Idee vom „windbefruchteten" Welt-Ei ist nach S. Morenz auch in den hellenistischen Raum getragen worden, um vor allem der altorphischen Bewegung mit ihrer kosmogonischen Konzeption zuträglich zu sein. Nicht weniger bedeutsam erscheint aber auch, daß die Vorstellung vom Welt-Ei auch im ersten Kapitel der Bibel, d. h. im

Schöpfungstext der Priesterschrift aus dem 6. Jahrhundert v. Chr., ihre Spuren hinterlassen hat.

Die in den Übersetzungen meist als „Firmament“ des Himmels bezeichnete „Scheidewand“ zwischen den Wassern oben und unten, d. h. dem Urgewässer außerhalb des Lebensraums, stellt sich näherhin als eine dünne, dennoch konsistente und stabile ‚Schale‘ heraus, die nicht anders als als eine überdimensionale Eierschale zu verstehen ist, wie sie sich dem Augenschein nach über dem Betrachter wölbt. Hier ist es der vom „Geist Gottes“ (Gen 1,2) ermöglichte Beginn der lebensfreundlichen Zone, eine Idee, die sich allem Anschein nach in den ägyptischen Traditionen der vor allem von Amun motivierten schöpferischen Instanz des Ur-Vogels bewegt.

3. Ur-Hügel

Der schon mehrfach zitierte Amunshymnus aus der Perserzeit nennt als den uranfänglichen Sitz des Amun eine Stätte in dem mittelägyptischen Kultort Hermupolis:

> Deine allererste Stätte war auf dem Urhügel in
> Hermupolis,
> als du landetest im Messersee.
>
> *(Assmann 1999: 314, vgl. schon Morenz 1975: 467)*

Der Mythos vom „Ur-Hügel“ vereinigt elementare Vorstellungen auf sich, die das zuerst sichtbare fruchtbare Land aus dem Ur-Wasser auftauchen sehen. Die Erhebung bedeutet den Schritt von der Ungeformtheit in die lebenstragende Stabilität, die Erstellung des Lebensraums der Erde.

Schon in den frühesten Schriftzeugnissen der religiösen Literatur Ägyptens, den Pyramidentexten, ist vom Ur-Hügel die Rede, der den autogenen Re darstellen soll:

> Du kamst hoch als Urhügel,
> du quollst auf als Benben
> im Phönixhaus zu Heliopolis.

Du spucktest aus als Schu,
du hustetest aus als Tefnut,
du legtest deine Arme um sie als Arme des Ka,
damit dein Ka in ihnen sei. *(Assmann 1984: 678)*

Während der sogenannte Benben-Stein als steinerne Entsprechung zur Ersterhebung und das Phönixhaus als Heimstätte des ebenfalls als Ur-Vogel geltenden Benu-Vogels zu sehen sind, stehen die Gottheiten Schu für die Atmosphäre und Tefnut für die Feuchtigkeit, beide repräsentativ für die lebensbedingenden Elemente. Die Arme des Ka des Re bezeichnen die umarmende und so konstituierende, die Schöpfung bewahrende Rolle des höchsten Gottes. Was sich auf der Ebene des Uranfangs in der Dimension des Ur-Raums vollzieht, findet seine Analogie in der Symbolik der Selbstdarstellung Ägyptens. Die Theologie des alten Kultortes Heliopolis, der „Sonnenstadt“ (heute ein Stadtteil von Kairo), führt hier eine schon zu einer Lehre gewordene Konzeption vor Augen, deren Kern bis in die späteste Zeit Ägyptens lebendig geblieben ist.

Mit dem kosmogonischen Ereignis des Sonnenaufgangs ist die Vorstellung verbunden, daß Tempel- und Palastanlagen, in denen der Schöpfergott oder, wie noch zu zeigen sein wird, der König als sein Stellvertreter und Partner die ursprüngliche und alltägliche Erscheinung begeht oder darstellt, über einen tragenden Unterbau in Gestalt eines stufenförmigen Fundamentes oder speziell der Estrade eines Tempelkioskes verfügen, der in Verbindung mit dem Mythos als „Ur-Hügel“ der Schöpfung aufgefaßt werden konnte. Mit Recht sieht Kuhlmann „zwischen der Architektur des Axialtempels und jener genannten Form der Urhügelvorstellung im Neuen Reich eine grundsätzliche Übereinstimmung, die sich im stufenweisen Ansteigen des Tempelfußbodens äußert, der damit das Bild einer Treppe bzw. eines als Treppe gestalteten Hügels bietet“ (Kuhlmann 1977: 33). Noch klarer kommt dieser Aspekt zum Vorschein, wenn Götter- oder Königsthrone mit einer Estrade oder einem zweiseitig treppenartigen Unterbau versehen werden. Zudem ist hier eine vielleicht auch sprachlich begründete („Maat“ mit der Bedeutung „Urhügel“) „enge Verbindung zwischen Urhügelvorstellung und Maat-Begriff“ wahrscheinlich (Kuhlmann 1977: 93), die nicht zuletzt zu der Beobachtung geführt hat, daß eben jene Maat als uns immer wieder begegnende Konzeption von der ordnenden Sinnmitte des Kosmos über das Vorstellungsgut Ägyptens hinausgreift und in der biblischen Rezeption die „Gerechtigkeit als Fundament des Thrones“ (Brunner 1958) verstehen läßt. Der „Ur-Hügel“ ist sowohl Haftpunkt des Schöpfergottes wie auch mythischer Ur-Ort des Lebensraums, um so auch in der Rezeptionsgeschichte wie etwa in der biblischen (priesterschriftlichen) Zeichnung von Lebensräumen nachzuwirken, indem etwa die Erde, die Arche Noah, Kanaan und das Land Israel als fundamental geschützte Sphären beschrieben werden, die um so mehr Sicherheit bieten, als ihnen sukzessiv die Gegenwart Gottes zuteil wird.

Abb. 11

Die Jenseitsvorstellungen sprechen dem Ur-Hügel auch die Qualität der Einbeziehung des Toten in den Prozeß der Verlebendigung zu, wie eine Darstellung auf einem Sarg im Kairiner Museum zeigt (Abb. 11). Die nunmehr transparente Schwärze der Finsternis wird hier durch die in die

Dunkelheit herabsteigende Sonnenscheibe verwandelt, so daß der verlebendigte Tote über die Stufen seiner unterweltlichen Behausung zur Höhe des Thronens aufsteigen kann. Das Bild der stufenförmigen Konstruktion, verbunden mit der Aufstiegsidee, wird auch wohl das Aussehen der Stufenpyramiden geprägt haben, als deren bedeutsamste das bekannte Bauwerk des Königs Djoser aus der 3. Dynastie in der Nekropole von Sakkara gelten kann.

4. Ur-Pflanze

Als die prominenteste Erstlingspflanze gilt der Lotos, vielleicht schon von seiner (wohl aus dem Koptischen ins Griechische gewanderten) Bezeichnung her die Pflanze schlechthin. Der Augenschein läßt den Ägypter über das Gewächs staunen, das scheinbar im Urwasser wurzelt und sich dennoch einer Seerose gleich über das Wasser ausdehnen kann. Diese Beobachtung mag dazu verleitet haben, in dieser Pflanze den Beginn der Vegetation überhaupt auszumachen und zugleich Perspektiven der Erneuerung im diesseitigen und vor allem im jenseitigen Leben mit ihr zu verknüpfen. Gerade die Vorstellungen vom Ur-Ei und Ur-Lotus zählen nach Assmann zu den „Bildern für den Umschlag von Vor-Zeit in Ur-Zeit als Selbstentzündung des Lebens in einer weniger chaotischen als zeugungsträchtigen Biosphäre" (Assmann 1984: 680).

Auch wenn man sich in der Setzung des Anfangs von ‚Zeit' zurücknimmt und eher von einer „Vor-Welt" reden möchte, die sich in eine „Ur-Welt" verwandelt, um zugleich den aufgezeigten Doppelaspekt der vorweltlichen Phänomene gelten zu lassen, darf man besonders der Lotos-Blüte die für den Auf- und Anbruch von Lebens-Raum und -Zeit wichtige Symbolik zusprechen.

Abb. 12

Nicht von ungefähr können gerade Zeugnisse der Kleinkunst das alltägliche

Bedürfnis nach Kontakt mit der Lotospflanze augenfällig demonstrieren, da hier ja ganz elementare Wünsche zur Sicherung des Daseins eine Rolle spielen. Über Ägypten hinaus waren etwa in der Hyksoszeit solche Miniaturszenen wie in Abb. 12 sehr beliebt.

Das Riechen an der Lotospflanze vermittelt altägyptischem Glauben zufolge dem Lebenden den Anteil an der Schöpfungsfülle und sogar dem Verstorbenen die Unsterblichkeit, wie sie prinzipiell den Göttern zukommt. Die Nase ist seit alters das Empfangsorgan für das Leben, das von den Göttern eingehaucht und mit dem Darreichen des Lotos symbolisch vermittelt wird. Daß gerade der Tote um das sinnliche Empfangen der Kraft der Pflanze verlegen ist, versteht sich daher von selbst.

So nehmen sich auch die hymnischen Texte der Ur-Pflanze an, zumal sie wie bei allen Ur-Symbolen auch mit der Lotos-Pflanze die Gegenwart des Sonnengottes selbst, hier mit dem Epithet „Große Lotosblüte" (Assmann 1999: 307), verbinden. Der Schöpfergott wird, ist und wirkt in seinem Symbol:

> Gegrüßet seiest du, Knabe auf dem Schoß,
> Kind, das in der Lotosblume aufgeht.
>
> *(Assmann 1999: 131)*

In den Unterweltstexten werden Sonnenaufgang und Pflanzenwuchs direkt aufeinander bezogen:

> Gehst du auf, dann entstehen die frischen Pflanzen,
> Größter Gott, der das Ei geschaffen hat!
>
> *(Hornung 1989: 256)*

Wie die Amarnazeit das Wachstum der Pflanzen überhaupt mit dem aufgehenden Sonnengott verbindet

> Alle lebenden Planzen, die auf dem Erdboden wachsen,
> gedeihen bei deinem Aufgang;
> sie sind trunken von deinem Angesicht.
>
> *(Assmann 1999: 216)*

so ist auch der Universalgott im Pflanzenreich präsent:

> Der im Luftraum lebt bis zur Grenze des Himmelskreises,
> er tritt ein in alle Bäume,
> und sie werden lebendig in den schwankenden Zweigen.
>
> *(Assmann 1999: 301)*

Zu den klassischen Zeugnissen der Bildkunst für die mythische Relation des Gottkönigs zur Lotosblüte gehört die bekannte Darstellung des jugendlichen Tutanchamun, der aus der göttlichen Ur-Pflanze hervorkommt. Die Konstellation ist nach dem Muster der Vorstellung des sich als Kind über der Lotosblüte erhebenden Sonnengottes gebildet, die unter der Bezeichnung „Der Gott auf der Blume“ in die Kunst- und Religionsgeschichte eingegangen ist. Der König der Götter, Amun-Re, konnte so sogar noch nach seinem Aufstieg an die Spitze des Götterhimmels als „der Alte, der aus dem Lotos kam“ bezeichnet werden. Für den Gott-König bedeutet auch dieser Austausch ein Wahrzeichen seiner unvergleichlichen Dignität. Zugleich ist es ihm vergönnt, den „Duft“ der Ur-Pflanze zu riechen, die ‚Unsterblichkeit‘ mit den Sinnen aufzunehmen und sich in der Sphäre der uranfänglichen Lebensfülle zu „sonnen“.

5. Ur-Mensch

Im Schlußhymnus der Lehre des Merikare wird der Mensch als Zielpunkt der Schöpfung gepriesen:

> Wohlversorgt sind die Menschen, das Kleinvieh Gottes,
> ihretwegen erschuf er Himmel und Erde,
> er drängte die Gier des Wassers zurück
> und schuf die Luft, damit ihre Nasen leben.
> Seine Ebenbilder sind sie, aus seinem Leib hervorgegangen.
> Ihnen zuliebe geht er am Himmel auf,
> für sie schuf er Pflanzen und Tiere,
> Vögel und Fische, damit sie zu essen haben.
>
> *(Assmann 1983 b: 168)*

Das unendlich vielfache Leben, das aus dem Ur-Gott entsteht und in dem sich der Ur-Gott manifestiert als der „Eine, der sich zu Millionen gemacht hat“, läßt den Menschen schließlich und endlich auf dem Ehrenplatz sitzen, um den sich der Schöpfer in rührender Weise kümmert. Diese euphorische Perspektive steht freilich nicht am Anfang aller Vorstellungen vom Auftritt des Menschen auf der Bühne des Weltgeschehens. Im Kontrast dazu steht ein Mythos, der die beiden Erstlingskinder des Sonnengottes, die Götter *Schu* und *Tefnut*, unter die kritische Aufsicht des ‚Sonnenauges‘ stellt, das bei dieser Funktion Tränen vergießt, woraus dann die Menschen entstehen. Wie so oft, spielt auch hier eine sprachliche Anspielung bei der Genese des Mythos eine Rolle, da das ägyptische Wort für „Mensch“ (*rmṯ*) dem Wort für die „Träne“ (*rmyt*) klanglich nahesteht. Dabei wird in Kauf genommen, daß es doch eher ein trauriger Anlaß ist, dem sich die Menschheit zu verdanken hätte. Desungeachtet kann die Rede vom „Auge“ Gottes als dem eigentlichen Ursprung der Menschheit ihre positive Sinngebung entfalten, da sie ein providentielles Sehen ausdrückt, d. h. die Gottesbildlichkeit des Menschen „im Auge hat“.

Der bekannte und so gehaltvolle Hymnus der Perserzeit aus El-Hibe ergeht sich in einer üppigen Doxologie auf den Menschenschöpfer:

> Der gewaltig Starke, er hat den Himmel emporgehoben
> und hat Himmel und Erde ausgespannt auf ihren
>   Fundamenten.
> er hat das ganze Firmament versammelt
> und den Sternen den Weg gewiesen …
> er erschuf die Menschen aus seinem göttlichen Auge
> und spie die Götter aus mit seinem Mund …
> Er hat die Menschen gebaut, das Vieh und Wild
> was auffliegt und niederschwebt, Fische und Pflanzen …
>
> *(Assmann 1999: 305f)*

Ägyptischen Vorstellungen gemäß ist der ‚Ur-Mensch' vor allem auch der gottkönigliche Mensch, der ägyptische Pharao also, der ebenso wie der Sonnengott bereits in der vorgeburtlichen Sphäre für sein Amt prädestiniert ist. In ihm und durch ihn ereignet sich das Entstehen des Kosmos aus den Ur-Symbolen, die in Wahrheit mehr sind als „Symbole", da sie sozusagen eine ‚Realpräsenz' Gottes anzeigen. Man mag diese Perspektive als kosmotheistisch bezeichnen, tut aber wohl besser daran, eine Kosmo-Theologie oder noch eher eine *kosmische Mystik* wahrzunehmen, die damit radikal ernst macht, Gott „alles in allem" sein zu lassen. Das Gottkönigtum und auch das Gott-Mensch-Sein des Pharao ist demnach nicht als ein bloßes Legitimationsgehabe oder gar als poetisches Sprachspiel gedacht, sondern eine ernsthaft geglaubte Grundverfassung des Herrschers, der damit auch den Erwartungen an den lebensbewahrenden Schöpfergott ausgesetzt ist. Von der überaus dichten Korrespondenz zwischen Sonnenlauf und Königsherrschaft wird noch mehrfach die Rede sein.

6. Ur-Wort

Die Vorstellung von der Schöpfung durch das „Wort" hat ihren religionsgeschichtlichen Ursprung allem Anschein nach in einer theologischen Konzeption, die uns vor allem in der sogenannten Memphitischen Theologie von Memphis als der Hauptstadt des Alten Reiches begegnet. Es handelt sich gleichwohl um eine Textfassung aus der 25. (äthiopischen) Dynastie, der Zeit des Pharao Schabaka zugeschrieben, obwohl der Text aller Wahrscheinlichkeit nach auf die Zeit Ramses' II. zurückgeht, nicht ohne sehr viel älteres Sprach- und Vorstellungsgut in sich zu bergen. Hier lesen wir von den grundlegenden Aktivitäten des Orts- und Hochgottes Ptah, der mit seinem schöpferischen Engagement die Kompetenz des Re-Atum vom Nachbarort Heliopolis noch übertrifft. „Ptah ist der Gott der Trennung von Wasser und Land, Himmel und Erde, Licht und Finsternis" (Assmann

1984 a: 684). Nur er kann die Neunheit der Götterwelt, d. h. alle bestehende Wirklichkeit, nicht erst durch den Verkehr mit der Muttergöttin oder vor allem durch das Ausspeien schaffen, sondern mittels der Sprache der „Zunge“ aufgrund der Anregung des „Herzens“:

> Die Götterneunheit ist die Zähne und die Lippen in diesem Munde,
> der die Namen aller Dinge nannte,
> aus dem Schu und Tefnut hervorgegangen sind,
> der die Neunheit geschaffen hat.
> Das Sehen der Augen, das Hören der Ohren,
> das Luftatmen der Nase,
> sie erstatten dem Herzen Meldung.
> Das Herz ist es, das jede Erkenntnis entstehen läßt,
> und die Zunge ist es, die wiederholt,
> was vom Herzen erdacht ist.
> So wurden alle Götter geschaffen
> und so wurde seine Neunheit vollendet.
> Es entstand ja jedes Gotteswort durch das,
> was vom Herzen erdacht
> und von der Zunge befohlen wurde …
> So wurden alle Arbeiten verrichtet und alles Handwerk,
> das Tun der Hände und das Gehen der Füße
> und die Bewegung aller Glieder gemäß dieser Weisung,
> die vom Herzen erdacht wird
> und durch die Zunge hervorkommt …
> So ruhte Ptah,
> nachdem er alle Dinge und alle Gottesworte gemacht hatte. *(Brunner 1975: 32)*

Das schöpferische Wort des Ptah ist demnach das gegenüber dem Speichel des Atum ungleich sublimierter gefaßte Medium der Manifestation des höchsten Gottes, dessen Schöpferkraft auf einem scheinbar nur biologischen Zusammenspiel von „Herz“ und „Zunge“ beruht, die endlich das „Gotteswort“ hervortreten lassen. Die „Lehre“ des Mythos besteht nun nicht in einer idealisierten oder gar hypostasierten Auffassung des Schöpfer-Wortes, sondern in der verdichteten und verfeinerten Konzeption des Hervorbringens selbst, das einerseits von den entscheidenden Organen der höchsten Gottheit getragen wird, andererseits in der „Bewegung aller Glieder" zum Ausdruck kommt. Statt von einer Instruktion über das „Wort" sollte man eher von einer kreativen Kommunikation der göttlichen Organe bis hin zum Sprachvermögen der Zunge reden, das seinerseits die Bewegung des Lebens auslöst und verwirklicht. Damit unterscheidet sich die organische Kosmo-Theologie Ägyptens von der organisierten Kosmo-Theologie der Priesterschrift in der Bibel (Gen 1,3) in einem nicht unwesentlichen Punkt, da dort nicht mehr die Mobilität der natürlichen Abläufe des Lebens in der Konsequenz ‚innergöttlicher' Korrespondenz im Vordergrund steht, sondern bereits ein Primärsystem der geschaffenen Welt als Resultat einer Sequenz göttlicher Sprechakte.

Jan Assmann möchte die Rede von der Schöpfung aller Dinge durch das Wort erstmals in einem Amarna-Text, d. h. in der Zeit Amenophis' IV. (Echnaton), bezeugt sehen (1984 a: 684), er bietet freilich eine Wiedergabe des Textes, die den Gott Aton preist, „der dies alles geschaffen hat, indem es hervorgegangen ist aus deinem Mund" (1999: 224), um darin bereits eine „Schöpfung durch das Wort" zu erkennen. Angesichts der übrigen Modalitäten und Varianten des Hervorgehens aus göttlichem Mund darf man hier zurückhaltender sein. Erst die Textzeugnisse der Ramessidenzeit scheinen hier eindeutiger zu sein.

Von der göttlichen Schöpferkraft des Wortes ist ausdrücklich in der hymnischen Literatur die Rede, wenn es etwa von Amun-Re heißt:

> Sia (Erkenntnis) ist sein Herz,
> Hu (Schöpferwort) ist sein Lippenpaar,
> sein Ka (Lebenskraft) ist alles,
> was existiert durch seine Zunge. *(Zandee 1988: 276)*

Der Schöpfergott gilt als „Herr der Erkenntnis, auf dessen Lippen das Schöpferwort ist"; er selbst kann von sich sagen:

Das Schöpferwort ist in meinem Munde,
die Erkenntnis ist in meinem Herzen.

(Zandee 1988: 276)

Wenn Jan Zandee „Erkenntnis“ (*Sia)* und „Wort“ (*Hu)* bereits als „Hypostasen des Sonnengottes“ ansprechen möchte, darf daran erinnert werden, daß wir uns hier weiterhin auf der Ebene der Symbolsprache bewegen, die sich der Nomenklatur der Mythologie bedient. Die ‚Realpräsenz‘ des höchsten Gottes wird nicht durch Hypostasen substituiert, sondern wird unmittelbar erlebt, da sie sich u. a. im Wort ereignet.

Nach Assmann (1983b: 239) ist die Schöpfung durch das Wort „in erster Linie Schöpfung durch das ‚Herz‘, die planende Weisheit Gottes“. Sie hat „die Wohleingerichtetheit der Welt, ihre Fülle und Ordnung, im Blick und führt sie zurück auf die Weisheit des Schöpfers, die geistige Konzeption im Herzen“ (1983b: 241), ein „Aspekt der Welt, wie er vor allem in der Amarna-Religion (und von da über den 104. Psalm und die Weisheit auch in der hebräischen) im Vordergrund steht“. Es kann aber auch kein Zweifel sein, daß das Alte Testament – trotz der priesterschriftlichen „Billigungsformel“ („und Gott sah, daß es gut war“) im ersten Schöpfungstext – gerade auch die dunklen Seiten der geschaffenen Welt und damit die verborgenen Dimensionen des Schöpfergottes wahrnimmt und reflektiert. Davon können gerade die Bücher Jjob und Kohelet ein beredtes Zeugnis ablegen.

7. Ur-Seele

„Kein Ding ist leer, er, Amun, vielmehr ist darin“. Der von Kurt Sethe (1929: 106) veröffentlichte und mehrfach zitierte Satz aus dem Mut-Tempel bei Karnak könnte leicht als Glaubensbekenntnis oder Motto eines ‚Panentheismus‘ verstanden werden; er steht aber überhaupt nicht für eine lehrhafte Konzeption, sondern gibt dem höchst sensiblen Verständnis der Ägypter von der allgegenwärtigen Wirkkraft des verborgenen und doch präsenten Schöpfergottes Ausdruck. „Die wesentlichste Funktion der Luft, wie sie die Ägypter verstanden, war eben doch, daß sie als Atem in die Körper der Lebewesen eindrang und das Leben in ihnen erhielt“ (Sethe 1929: 106). Amun, der nach einer weiteren Prädikation „in allen Dingen bleibt“, ist der Garant für den Bestand des Lebens überhaupt.

„Schon in seinem Namen ... als *deus invisibilis* und *ineffabilis* bezeichnet, erfüllte der thebanische Weltschöpfer und -regierer Amun in seinem eigentlichen Wesen als Gott der Luft und des Windes, des Bewegung und Leben in die Welt bringenden Lufthauches von vornherein alle Vorbedingungen für die Entwicklung zu einer geistigen Gottesvorstellung, wie sie sich bei dem offenbar ganz ähnlich konstituierten Jahwe der Hebräer vollzogen hat, von dem diese Vorstellung in die auf der jüdischen Religion fußenden monotheistischen Religionen des Christentums und des Islams übergegangen ist“. Mit diesen noch immer gültigen Worten eröffnet Sethe (1929: 109) seinen Abschnitt mit der Überschrift „Amun als Geist“, um dann eine Reihung von Belegen für Amun als „Seele“ (*Ba)* folgen zu lassen.

Macht man sich die Intensität der Gottesidee „Amun“ bewußt, wird der Kontrast zu der Vorstellung vom Einen und Einzigen „Aton“ unter Amenophis IV. (Echnaton) um so deutlicher. Auch hier hat Sethe (1929: 114) bereits das Verhältnis zu Recht durchschaut: „War dieser Amun, seinem Namen getreu, im Grunde noch immer ein unsichtbarer Gott und war er, wie oben vermutet wurde, dazu als Geist gedacht, so war der Gott Amenophis' IV. der unmittelbar sichtbare Gott, dem der Mensch von Angesicht zu Angesicht gegenüberstand, und zugleich ein ganz körperlicher, nämlich der Körper des Tagesgestirns, der freilich ebenso wie der Körper eines jeden Lebewesens auch beseelt gedacht war.“ Dieser Gott Aton schöpft seine Identität nicht wie Amun aus dem Mysterium von Dasein in Verborgenheit, sondern aus seiner ausschließlich lebenszugewandten Anschaulichkeit. Damit geht aber ein Verlust seiner unauslotbaren Tiefe konform, wie denn auch Vor-Welt- oder Ur-Zeit-Konzeptionen in diesem Weltbild keinen Platz zu haben scheinen: „Nicht als Schöpfer-, sondern als Lebensgott wirkt Aton in der wohleingerichteten Welt“ (Assmann 1984 a: 682). Ohne die Annahme einer ‚Koinzidenz der Gegensätze‘ kommt jedoch schon die Amuns-Theologie der Ägypter nicht aus, ohne daß sie sich genötigt fühlten, ihre Auffassung vom Mysterium „Gott“ auf einen gelehrten und hochspekulativen Terminus zu fixieren. Mit gutem Grund, wenn auch mit Zurückhaltung sieht Assmann (1984 a: 682) denn auch in Amun-Re „in ziemlich ausgewogener Weise die Aspekte des Ur-, Schöpfer- und Lebensgottes“ vereinigt.

Zweiter Teil

Der Mittag der Zeit

I. „Sonne am Tage"

Die Vorstellung des nach seinem Hervorkommen zum Zenit seiner Laufbahn aufsteigenden Sonnengottes ist für den Ägypter das Leit-Phänomen einer Herrschaft über den Kosmos. Zugleich bedeutet das strahlende Erscheinen des Gestirns die Manifestation für den endgültigen Sieg über die Kräfte des Widerstands, die sich nur noch formal auch tagsüber bemühen, den Weg des Sonnenlaufes zu unterbrechen oder gar ganz zum Stillstand zu bringen. Die „Sonne am Tage" umgreift den Aufstieg und präfiguriert bereits die Vollendung am Abend.

1. Re

Schon im Vorfeld der Amarnazeit mit ihrer exquisiten Pointierung der sichtbaren Sonnenscheibe wird dem Sonnenlauf eine innovative Mythologie zuteil, die nicht mehr mit den mythischen Urphänomenen und dem Pantheon von Ur-Göttern operiert, sondern in die Empirie des Kosmos hineinschaut und den visuellen Kategorien wie Licht und Bewegung zugewandt ist.

Eine hymnische Gottestitulatur markiert den besonderen Status des Höhepunkts am Tage im Unterschied zu den übrigen Phasen:

Kind am Morgen,
Löwe am Abend,
Chepre mit vielen Erscheinungsformen!
Sonne am Tage,

Mond bei Nacht,
es gibt nichts, was er nicht kennt, in jedem Augenblick.
(Assmann 1999: 139)

Die „Sonne am Tage“ übt die Herrschaft über Himmel und Erde aus, so daß sie als All-Gottheit gefeiert werden kann:

Du hast den Himmel ergriffen und die Erde in Besitz genommen,
du hast sie beide umringt in deiner Umarmung ...
(Assmann 1999: 188)

Der Sonnengott als „Herr der unendlichen Zeit“, der „den Himmel erhob und den Erdboden festigte“, „der nicht ermüdet“, ein „Wunderbarer, der im Himmel dahinfährt“, „Einzigartiger, unter dessen Ehrfurcht der Erdkreis steht, dessen Macht den Ozean umkreist“ (Assmann 1999: 189–193), mit Prädikationen dieser Art schon vor der Amarnazeit ausgestattet, nimmt seine mittägliche Gestalt als Re an, dessen Mysterium zwar Ausstrahlung und Verhüllung umschließt, jedoch eine Faszination vermittelt, der sich kein Geschöpf entziehen kann:

Der sich entrückte als Sonne, die nicht erkannt werden kann,
der sich verhüllte vor dem, was aus ihm hervorging.
Strahlende Fackel mit großem Licht,
man sieht inmitten seines Sehens.
Man verbringt den Tag, ihn anzuschauen,
und wird seiner nicht satt;
wenn es Tag wird, beten zu ihm alle Gesichter.
(Assmann 1999: 323)

Der den Himmel überquert und die Unterwelt durchläuft,
Licht auf jedem Wege,
Umlaufender in den Gesichtern;
jedes Gesicht, ihre Gesichter ruhen auf ihm
von Menschen und Göttern, die sagen: „Willkommen“!
(Assmann 1999: 327)

Am Mittag, wo die Sonne ihre ganze Strahlkraft entfaltet, ist auch der Sonnengott im Vollbesitz seiner universalen Wirksamkeit. Als Re erscheint er nun „als Herrscher und Richter, der in der Barke als dem Instrument und dem Symbol seiner Herrschaftsausübung sein Reich durchzieht, um Recht und Ordnung – die Maat – darin durchzusetzen" (Assmann 1983b: 73). Allerdings ist die Mittagszeit auch eine besondere Phase der erneuten Konfrontation mit dem Sonnenfeind Apophis, der aber ‚naturgemäß' unterliegen muß, weil das Steuerungsprinzip der geordneten Welt dies so vorsieht. Das in den Darstellungen der Mittagsstunde gewählte Bild ist entsprechend das der „behobenen Krise" (Assmann), da es die Sonnenbarke über dem unschädlich gemachten Feind zeigt.

In der ägyptischen Sprache hat das Wort für „Mittag" (*Achau*) die gleiche Lautgestalt und Etymologie wie das Wort für „Stillstand"; der Bedeutungszusammenhang leitet sich offenbar vom Eindruck eines majestätischen Ruhezustands her, den die Sonne zur Mittagszeit vermittelt. Von einem kritischen und bedrohlichen Prozeß für den weiteren Fortgang des Sonnenlaufs kann jedoch nur in einem fiktiven Sinn die Rede sein, so daß der Augenblick des scheinbaren Stillstands als Gipfelpunkt des Machterweises gelten muß. Nur so ist es verständlich, daß auf unzähligen Stelen, deren Oberteil mit seiner Rundung den Sonnenlauf symbolisiert, die Flügelsonne in der Mitte die darunter gebotene Szenerie und deren Begleittexte beherrscht, so als sei sie die absolute Garantie dafür, daß sich die dargestellten Phänomene im Sinne der Weltordnung vollziehen. Wenn Assmann von einer Gefahr des Stillstands der Sonne für das gesamte Leben spricht, wobei sich für ihn der „‚sympathetische' Zusammenhang von Kosmos und Gesellschaft, Sonnenlauf und menschlicher Ordnung" bemerkbar macht, trifft dies vielleicht nur einen Teilaspekt der Mittagsphase, obschon zuzugeben ist, daß der Sonnenlauf, d. h. die höchstgöttliche Bewegung, für den Fortgang auch des Kosmos und des geschaffenen Lebens unabdingbar ist. Gerade der Stillstand der Sonne erscheint doch wohl auch als das Ausdrucksmerkmal der „behobenen Krise“, da er bereits die Überwindung des Feindes anzeigt. Daß nach ägyptischem Empfinden eine künftige „Wohl-Fahrt“ (Assmann) auf den ungestörten Sonnenlauf als kosmischer Garantie verwiesen ist, steht zur mythologischen Gewichtung des Sonnenstillstands im Zenit nicht im Widerspruch. Beide Vorstellungen beruhen vielmehr auf komplementären Aspekten in der Interpretation der „Sonne des Tages“, deren unerschöpfliche Dynamik in allen ihren Phasen einschließlich des augenscheinlichen Stillstands am Mittag zur Geltung kommt.

Vielleicht ist auf diesem ikonographisch-mythologischen Hintergrund auch jener vielbedachte und ideengeschichtlich so nachhaltig wirksame Spruch zum Stillstand der Sonne im Buch Josua (10,12f) besser einzuschätzen, wenn die Anrufung gerade auf den göttlichen Machterweis in seiner extremsten Wirksamkeit hinzielen sollte (Görg 1991: 347–360).

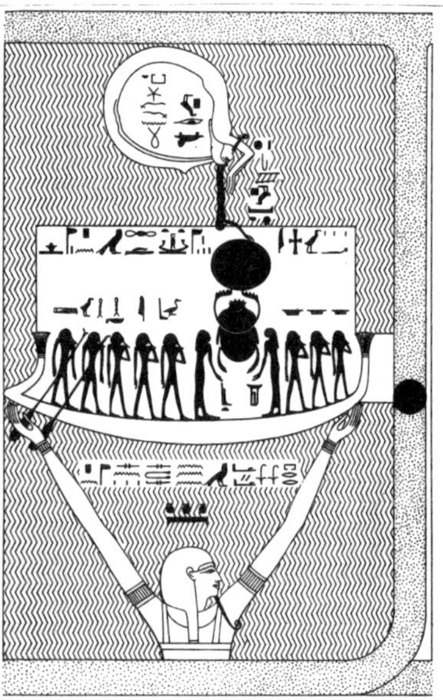

Abb. 13

2. Aufstieg

Die immer wieder, bereits von Brugsch (1884: 216/217 mit Hinweis auf Sharpe 1864) als Anschauungsmaterial bemühte Darstellung aus dem sogenannten Pfortenbuch (Abb. 13) zeigt in ihrem mittleren Teil die Phase des Aufstiegs des Sonnengottes, der in und mit seiner Barke, getrieben und geführt durch das Käfer-Symbol des ständigen Werdens und Erscheinens den Weg über den Himmel nimmt. Die Beischrift über der Sonnenbarke lautet hier:

> Dieser Gott läßt sich nieder in der Tagesbarke.
> Die Gottheiten, unter denen er ist.

Über den linksseitigen Göttern stehen ihre Namen (von links): Sia – Hu – Heka – Maat – Geb; unterhalb der zwei Göttinnen zu beiden Seiten des Sonnen-Käfers: Isis und Nephthys. Dazu kommen drei Gottheiten auf der rechten Seite, die vielleicht als ‚Türhüter' zu deuten sind (Hornung 1989: 308).

Eine einfachere Entsprechung dazu findet sich auf dem Totenbuch des Chonsumes (Nationalbibliothek Paris) (Abb. 14).

Abb. 14

Auch hier ist die Barke mit den Gottheiten besetzt, die zum Hofstaat des Sonnengottes gehören. Die Göttinnen Isis und Nephthys assistieren beim Vollzug der Tagesfahrt bis zur Vollendung am Abend. Ihre Funktion illustriert bereits ein Beispiel aus den Pyramidensprüchen (628a–630a, hier nach Sethe 1935–62: 159, vgl. Rambova 1957: 50):

> Zu dir kommen deine zwei Schwestern Isis und Nephthys,
> sie bewahren dich bzw. lassen dich heil sein,
> Vollständig und groß (wie du bist) in deinem Namen ‚Großes Schwarz' (= Bitterseen?),
> frisch und groß (wie du bist) in deinem Namen ‚Großes Grün' (= Meer?).
> Siehe (denn) du bist groß und rund (ringförmig)
> als ‚Großes Rund' (= Teil des Mittelmeers?),
> siehe (denn) du bist kreisgebogen und rund (ringförmig)
> als ‚Kreisbogen, der um die schwimmenden Inseln läuft' (= Ägäisches Meer?),
> siehe (denn) du bist rund (ringförmig) und groß
> als der ‚Große Ring', der untergeht.
> Begrüßt haben dich Isis und Nephthys ...

Schon diese frühe Litanei feiert den Sonnengott in seinem äußeren Erscheinungsbild des Mittagsgestirns und verdeutlicht überdies noch den universalen Aspekt: Re ist auf dem Wege zur Dominanz über alles Geschaffene, die nach ägyptischer Perspektive über Ägypten hinaus die Nachbargebiete erfaßt und offenbar sogar bis zum ‚Weltozean' reicht. Demzufolge kann er immer wieder als „Allherr" und „Grenzenloser" bezeichnet werden, zumal er nicht nur als „Götterkönig" und „Weltenherrscher" gilt, sondern als Kenner des Geschicks und Erhalter des Lebens aller Geschöpfe (vgl. Barta 1984: 158f).

3. Transzendenz

Mit diesem Ausdruck kennzeichnet Morenz (1975) jene Bewegung, die der Sonnengott auf dem Wege in die Transzendenz vollzieht, um sich zugleich unverfügbar zu machen. Grundlage dieser These ist die Annahme, daß „die oberste Gottheit in Ägypten in der Frühzeit im Herrscher inkorporiert und damit (von der ägyptischen Gesellschaft aus erlebt) immanent ist" und daß zugleich „der Aspekt eines vom König rituell im Gang gehaltenen Weltlaufes nicht preisgegeben wird". Es handelt sich zu Anfang also nicht nur um eine Vergegenwärtigung des Göttlichen im König, sondern um eine wahrnehmbare Identität, da der König als „Horus" zunächst über eine quasi-metaphysische Göttlichkeit verfügt, um dann als ‚Horus, Sohn des Osiris' mit der Begrenzung durch Institution und Konstitution leben zu müssen: „Der König hört auf, kraft seiner Natur göttlich zu sein." Sein Ausweg aus dem Dilemma: die persönliche Aneignung des Osirismythos, wonach er selbst mit Hilfe der Bestattungsliturgie wieder zu Gott wird, diesmal zu Osiris. Diese Gottheit sichert ihm das künftige Leben in Bewahrung des Gottkönigtums. Dieses Umdenken vollzieht sich bereits in der dritten Dynastie, wobei zwar die bekannten Anlagen um die Stufenpyramide des Königs Djoser noch von der altehrwürdigen Göttlichkeit des irdischen Königs Zeugnis ablegen, zu Beginn der nächsten Generation in der vierten Dynastie aber eine „Prozessionsbühne für das osirianische Bestattungsritual" die neuartige Orientierung an der Verwiesenheit des Königs auf göttliche Belebung anzeigt.

Mit dem Auseinandertreten der Erfahrung des realexistierenden Königtums und der bleibenden und unantastbaren Göttlichkeit des Schöpfers beginnt ein offensichtlich unaufhaltsamer ‚Aufstieg' des Sonnengottes, der sowohl als Schöpfer wie auch als Herr über Leben und Tod unter dem Bild des Totengerichts erscheint. Die erstaunliche, aber doch wohl auch nachvollziehbare Konsequenz einer solchen ‚Entrückung' des höchsten Gottes ist das Erscheinungsbild einer religiösen Verfassung, die man als *personal piety* bezeichnet hat. Der transzendente Gott wird als Macht erfahren, die in alle Bereiche des Lebens hineinwirkt und so den Anliegen der Individuen gegenüber prinzipiell zugänglich wird.

Nach Morenz ist noch ein weiterer Befund signifikant für eine veränderte Bewußtseinslage in der Glaubensentwicklung des Ägypters: die „Trennung der urtümlichen Einheit von Bild und (dargestellter) Sache in spezieller Hinsicht der Gottheit“. Die Titulatur des Pharao als „Bild der Gottheit“ bedeute zugleich eine „Rangminderung des Königs“ und zeige, „wie der Abstieg des Pharao im Gegenlauf zum Aufstieg seines transzendenten Urbildes voranschreitet“. Insgesamt sei der Glaube an die „Heraufkunft des transzendenten Gottes“ im ägyptischen Neuen Reich voll ausgebildet worden.

Die Kritik an dieser These hat freilich u. a. zu bedenken gegeben, daß gerade die Erscheinung der „persönlichen Frömmigkeit“ den Gedanken an die geglaubte Transzendenz verdrängen müsse, zumal von *dem* aufsteigenden Gott angesichts des Götterhimmels nicht die Rede sein könne. Doch kann auch kein Zweifel sein, daß sich insbesondere in der Gottesbezeichnung Amun-Re, wie sie sich in der Nach-Amarna-Zeit durchsetzt, eben sowohl die Idee der erhabenen Transzendenz (Re) wie diejenige der bleibenden Verborgenheit (Amun) manifestiert, wobei einerseits ein gesteigertes Bewußtsein von der den kosmischen Gott begleitenden Rolle des Gottkönigtums, andererseits auch das gewachsene Bedürfnis nach einer unmittelbaren Kontaktaufnahme mit der höchsten Instanz in der Privatsphäre reflektiert werden kann. Die Vorstellung von einer geheimnisvollen Transzendenz des höchsten Gottes in Ägypten schließt somit weder den Gedanken an eine kongeniale Partnerschaft von Gott und König noch die Möglichkeit einer direkten Zuwendung aus. Die ägyptische Kosmo-Theologie besagt auch hier nicht mehr und nicht weniger, als daß der höchste Gott oben und unten, fern und nah, schlicht ‚alles in allem‘ ist. Man hat freilich auch grundsätzlich eingewandt, daß der Begriff „Transzendenz“ für die ägyptische Gottesidee ungeeignet sei, denn: „die wirklich transzendenten Bereiche des Alls sind götterlos, nur den ‚Feinden‘, den chaotischen Mächten vorbehalten“ (Hornung 1971: 190). Gegen diesen Vorbehalt spricht wiederum, daß ja gerade auch die Ur-Welt als Chaos-Welt nicht „götterlos“ ist, vielmehr bezeichnenderweise mit Amun auch den Gott bereithält, der zum Himmelsaufstieg und zur ‚Transformation' (Assmann) als Re berufen ist. Und ist nicht auch die mit unendlich vielen Göttern gefüllte Welt der Toten wenigstens insofern ‚transzendent', als sie die Vorstellung vom Überschritt vom Diesseits in das Jenseits und überdies mit dem ‚Descensus' des Re in die Unterwelt eine geglaubte Analogie zum geschauten Aufstieg voraussetzt? Dennoch kann die Bezeichnung eines „transzendenten Gottes" suggerieren, daß es nunmehr nur noch eine Distanz zwischen Gott und geschaffener Welt geben könne. Die „Transzendenz" wird mit ihren Korrelatbegriffen der ‚Deszendenz' und ‚Aszendenz' gepaart werden müssen, wenn man den spannungsreichen Konzeptionen Ägyptens gerecht werden will.

4. Aton

Mit den bereits gegebenen Tendenzen der Vor-Amarna-Zeit, den Aufstieg des Sonnengottes nach Möglichkeit unter ausdrücklichem Einschluß der vorweltlichen und urzeitlichen Phasen einerseits und der regenerierenden Stunden der Nachtzeit andererseits zu gewichten, will der Reformer Amenophis IV. Echnaton (*Achanjati)* mit seiner Konzentration der religiösen Perspektiven auf die tägliche Wiederkehr der lichtvollen Gegenwart der Sonnenscheibe aufräumen. Sein letztendlich gescheiterter Versuch, einer radikalen Zuspitzung einer ausschließlich auf die Schöpfung bezogenen Gottesidee in einseitiger Manier zum Siege zu verhelfen, konnte immerhin die Kräfte der Zusammenschau von Vorwelt und Welt, von Finsternis und Licht, von Tod und Leben derart provozieren, daß sich die altägyptische Konzeption von einer Kohabitation oder Koexistenz (nicht Koinzidenz) der Gegensätze alsbald wieder durchzusetzen und weiter zu entfalten vermochte. Dennoch hat gerade die Amarnazeit eine Poesie der schöpfungsnahen Dimension des höchsten Gottes geschaffen, deren Faszination sich auch die nachherige Hymnik nicht entziehen konnte.

Die Erfahrung der täglichen Strahlkraft der Sonnenscheibe (Aton) gewinnt gerade in den Hymnen der Amarna-Zeit eine intensive Zuwendung, wenn Aton direkt angesprochen und verherrlicht wird:

> Du erscheinst schön,
> du lebendige Sonne, Herr der unendlichen Zeit!
> Du bist funkelnd, schön und stark,
> die Liebe zu dir ist groß und gewaltig;
> deine Strahlen, sie berühren jedes Gesicht
> deine strahlende Haut belebt die Herzen;
> du hast die beiden Länder erfüllt mit Liebe zu dir ...
>
> Du bist die lebendige Sonne,
> die unendliche Zeit ist dein Abbild;
> du hast den Himmel fern gemacht, um an ihm aufzugehen,
> um alles zu sehen, was du erschaffst, indem du ein Einziger bist,
> aber Millionen von Leben in dir sind, um sie zu beleben –
> (denn) Lebenshauch an die Nase ist es, deine Strahlen zu sehen. *(Assmann 1999: 215f)*

Die Lichtseite ist derart dominant, daß ihr Kontrast, die Finsternis, nur als Tod erscheinen muß, der selbst zu keiner Regeneration des Lebens in der Lage ist, während Leben einzig und allein von Aton herrührt.

> Du bist schön, gewaltig und funkelnd,
> du bist hoch über jedem Land.
> Deine Strahlen, sie umfassen die Länder
> bis ans Ende deiner ganzen Schöpfung,
> als Re dringst du an ihre Grenzen
> und unterwirfst sie deinem geliebten Sohn.
> Du bist fern, aber deine Strahlen sind auf Erden,
> du bist in ihrem Angesicht,
> aber man kann deinen Gang nicht erkennen.
> Gehst du unter im westlichen Lichtland,
> ist die Erde in Finsternis,
> in der Verfassung des Todes. *(Assmann 1999: 218)*

Ein sensibles Eindringen in die Poesie der Amarna-Zeit bewahrt vor dem Vorurteil, hier sei ein gewalttätiger Apostat am Werk, dem nur an einer gottgleichen Erhebung seiner Person gelegen gewesen wäre. Morenz meint, Echnaton habe sich in „einem theologischen Klimmzug“ *an* und *zu* seinem transzendenten Vater emporgerankt, was einem „planmäßig-bewußten Versuch einer aufgeklärten Zeit unter Anerkennung derzeitiger Gegebenheiten“ entspreche (Morenz 1975: 104f). Vielleicht sollte ein zurückhaltenderes Urteil auch die Amarna-Theologie als eine legitime und respektable, wenn auch nur episodenhafte Kontrastkonzeption begreifen, die nach einer übergreifenden Rückschau wie kontrastives Denken und Schauen überhaupt zur ägyptischen Theologie gehört und nicht mit dem Bann der Unaufrichtigkeit oder Selbstsüchtigkeit belegt werden darf. Selbst wenn man der Periode ein gehöriges Ausmaß an Konzentration eines königlichen Reformfanatismus attestieren muß, bleibt doch die Ernsthaftigkeit des Wissens um den an seiner Schöpfung unmittelbar interessierten Gott zu bedenken. Wenn überdies der „Ein-Gott-Glaube“ Echnatons als Musterbeispiel dafür dienen soll, daß vom „Monotheismus“ jedweder Prägung zwangsläufig rigorose Intoleranz ausgeht (Assmann 2000 a), erscheint dies angesichts des, wenn auch formalisierten, Redens von den Strahlungen, die alles Leben erreichen, d. h. nicht nur das des Königs, als ein allzu kühnes Urteil. Auch „Aton“ ist Inbegriff einer Gotteskonzeption, die unverzichtbar ist.

5. Transformation

Der Charakteristik des Aufstiegs als „Heraufkunft“ hat Assmann die Kennzeichnung „Transformation“ gegenüber gestellt, womit er auf den immanenten Gestaltwandel des höchsten Gottes seit seiner Abkunft aus dem Chaos bis zur vollen Manifestation im Zenit aufmerksam machen will. Diesen Weg, der über die göttlichen Verkörperungen als Amun, als Ptah und schließlich als Re führt, hat Assmann unter Zuhilfenahme eines exemplarischen Hymnus aus der Leidener literarischen Hymnensammlung demonstriert, den er in seiner hier im Ausschnitt zitierten jüngsten Wiedergabe (Assmann 1999: 329) mit „Theogonie" überschrieben hat:

> Die „Acht" waren deine erste Verkörperung,
> damit du sie zur Einheit vollzählig machst.
> Geheim war dein Leib unter den Uralten,
> du hast dich verborgen als Amun an der Spitze der Götter.
> (Dann) hast du dich verwandelt in (den Erdgott) Ta-Tenen,
> um die Urgötter hervorzubringen in deiner ersten Urzeit.
> Deine Schönheit erhob sich als „Stier seiner Mutter",
> du entferntest dich zum Himmel, bleibend als Sonne.

Das den Mythos erzählende Preislied feiert zunächst die schon früher erläuterte Phase der vorweltlichen Existenz des verborgenen Gottes als „erste Verkörperung", um dann dessen Emanzipation und kreative Autonomie in der Verwandlung in den Gott Ptah (mit dem Zweitnamen *Ta-Tenen,* d. h. vielleicht „der vom erhabenen Land" o. ä.) zu präsentieren, ein Gestaltwandel, der von Assmann als „zweite Transformation" bezeichnet wird. Gemeint ist hier offenbar die Ausstrahlung der Morgensonne auf die Erde in ihrem Anfangsstadium als Ur-Hügel, ein Vorgang, der zugleich die Erschaffung des Raums als des kommenden Lebensraums kennzeichnet. Der hier besonders angehende Prozeß ist als Erhebung der göttlichen „Schönheit" erkennbar, wobei das ägyptische Wort *nfrw* ein Kompendium des Guten und Schönen überhaupt umschließt, vielleicht zu begreifen in einer lange vorweggenommenen Analogie zu den besser bekannten Transzendentalien als Notationen des allerhöchsten und göttlichen Seins in der scholastischen Philosophie. Doch kann auch das Prädikat „gut" bzw. „sehr gut" im ersten biblischen Schöpfungstext aus der Hand priesterschriftlicher Autoren mit Vorbehalt als Anspielung auf die Vollkommenheit des Schöpfers selbst aufgefaßt werden, der sich demnach in den geschaffenen Werken des Lichtes und Lebens selbst wahrnimmt. Der auch bereits gedeutete Ausdruck „Stier seiner Mutter“ (*Kamutef)* kann bereits in der Vor-Amarna-Zeit Amun-Re, dem Herrn der Hauptstadt des Neuen Reiches, gewidmet sein, um hier die nachhaltige Wirkung der göttlichen Selbstzeugung als Geburt aus der Himmelsgöttin für den Aufstiegsprozeß anzuzeigen:

> Sei gegrüßt, Amun-Re, Herr von Theben,
> Erster von Karnak,
> Kamutef, der seinen Gefilden vorsteht,
> Weit-Schreitender, Erster von Oberägypten,
> Herr der Nubier, Herrscher von Punt;
> Ältester des Himmels, Erstgeborener der Erde,
> Herr des Seienden, Beständiger an Dingen, Beständiger
> an Dingen
> Einzigartiger unter den Göttern,
> Schöner Stier der Neunheit, Höchster aller Götter!
> Herr der Maat, Vater der Götter,
> der die Menschen machte und das Vieh erschuf,
> Herr des Seienden, der den „Lebensbaum“ schuf,
> der die Kräuter macht und die Herden am Leben
> erhält! *(Assmann 1999: 196)*

Der Rückblick auf den älteren Hymnus hilft den Sinngehalt des „Sich-Entfernens“ Gottes zum Himmel besser zu deuten, da es nicht um eine majestätische Distanzierung oder gar Entfremdung von der Sphäre der Lebenden gehen kann. Die hier gemeinte „Transzendenz“ ist vielmehr die notwendige Voraussetzung für die Sicherung des geschaffenen *Lebens-Raums*. So kommt die Kategorie der *Lebens-Zeit* ins Spiel, die den Fortgang der geschaffenen Existenzen begleitet. In dieser Perspektive dürfte die Prädikation „bleibend als Sonne“ zu verstehen sein, zumal dem ägyptischen Verbum *mn* „bleiben“ die Sinngebung der futurischen und auf Dauer angelegten Wirkung innewohnt. Re ist hiernach die „dritte Transformation“ (Assmann 1999: 329), die wiederum in weiteren Hymnen glorifiziert wird:

> Der sich entrückte als Sonne,
> die nicht erkannt werden kann,
> der sich verhüllte vor dem, was aus ihm hervorging.
> Strahlende Fackel mit großem Licht,
> man sieht inmitten seines Sehens.
> Man verbringt den Tag, ihn anzuschauen,
> und wird seiner nicht satt. *(Assmann 1999: 323)*

Die Allgegenwart und Allsichtigkeit des göttlichen Wächters über das Leben wird mit den Sinnen erfahren, ohne ausgeschöpft werden zu können. Dieser Sichtweise folgt eine imaginäre Beschreibung, die die Sonne als vielseitiges Fabelwesen kennzeichnet:

> Der geheime Ba mit widderförmigen Antlitzen,
> mit vier Köpfen auf einem Hals,
> mit siebenhundertsiebenundsiebzig Ohrenpaaren,
> mit Millionen und Abermillionen Augen,
> mit hunderttausend Hörnern. *(Assmann 1999: 309)*

Die überdimensionale Variabilität des göttlichen Aussehens bestätigt die raum-zeitliche Kompetenz, die ‚Transzendenz‘ und ‚Immanenz‘ ohne jeweilige Einschränkung auf geheimnisvolle Weise verbindet. Das Ende des soeben zitierten Hymnentextes markiert dazu die alle Zeitvorstellungen überziehende Konstante in Amun-Re:

> Er hat die Ewigkeit aufgedeckt,
> die unendliche Zeit vorherbedacht,
> sein Vermögen überragt jedes Vermögen.
> *(Assmann 1999: 309)*

6. Reichstriade

Die berühmte Darstellung der thronenden Gestalten im Sanktuar des Felsentempels von Abu Simbel aus der Zeit Ramses' II. (Abb. 15) setzt die kosmogonische Figuration der Weltschöpfung und -erhaltung auf eindrucksvolle Weise ins Bild, indem Re (ganz rechts), der Pharao (halbrechts), Ptah (ganz links) und Amun (halblinks) präsentiert werden. Der kosmische Bezug wird dadurch regelmäßig publik gemacht, daß zweimal im Jahr das Sonnenlicht auf die göttliche Sitzgruppe fällt.

Abb. 15

Schon die besondere Konstellation verrät eine theologische Gewichtung. Als Vierergruppe entspricht das göttliche Ensemble im Allerheiligsten dem Quartett der überdimensionalen Ramsesfiguren vor dem Eingangsbereich des Tempels; hier wie dort ist die Vierzahl der Komplexität der Wirklichkeit in der Sicht der Himmelsrichtungen zugeordnet.

Die Positionierung des Re zielt auf die Herausstellung des alles überragenden und kontrollierenden Schöpfergottes; ihm zur Seite nimmt derjenige Platz, der sich als kongenial mit der höchsten Gottheit empfindet, um mit ihm zusammen die kosmische Direktive zu teilen. Der Gottkönig – „zur Rechten des allmächtigen Vaters" thronend – sitzt zugleich inmitten der Götter Re und Amun, die ihrerseits eine Einheit darstellen, wie sie in der Namenskonstellation Amun-Re – zuweilen scheinbar etwas unglücklich als ‚Bindestrich-

Gottheit‘ bezeichnet – zum Ausdruck kommt. Schließlich hat Ptah seinen Platz entsprechend der ihm zukommenden Sonderrolle, die nicht zuletzt in der Funktion der Kommunikation zwischen den kosmogonischen ‚Phasen‘ Amun und Re besteht. Sein Ort ist zugleich wegen seiner genuinen Beziehung zum Königtum exponiert, da er die lebensfreundliche und „gnädige“ Verfassung der göttlichen Autorität verkörpert.

Auf die trinitarische Konzeption der Zusammenstellung der drei Hochgötter mit dem erwählten Gottkönig ist gerade in jüngerer Zeit mehrfach hingewiesen worden, zumal die sogenannte ramessidische Reichstriade am ehesten geeignet erscheint, als frühe Repräsentation eines Glaubens an die dreifaltige Göttlichkeit in höchster Instanz zu gelten. Jenseits der zahllosen Triaden in den lokalen Götterfamilien Ägyptens läßt sich die Reichstriade ja bestens als oberste Vertretung eines gesamtägyptischen Götterhimmels begreifen, in welche geheimnisvolle Gemeinschaft eben der König als der erwählte Partner einbezogen wird. Teilhabe am innertrinitarischen Mysterium: eine Idee, die dem bekannten christlichen Dogma von der Allerheiligsten Dreifaltigkeit und der gnadenhaften Partizipation des Glaubenden gewiß nicht allzu fern steht. Immerhin ist die ramessidische Reichstriade bis in die Zeit der Griechen und Römer, also auch in Alexandria, als Inbegriff der göttlichen Wirklichkeit – trotz aller alten und neuen Gottheiten und deren Namen – verehrt worden, noch dazu im Kontext der Introduktion der Herrschertitel (vgl. das Dekret auf dem Stein von Rosette).

Der szenischen Darstellung der Reichstriade steht ein nicht minder berühmter Text zur Seite, der nicht zuletzt wegen seiner zeitgenössischen Abkunft als geradezu klassischer Kommentar zur Szene gelten darf. Auch dieser Text gehört als „dreihundertstes Lied“ zum Hymnenschatz aus Leiden, von dem Assmann wohl mit Recht sagt, er „sei ganz auf allgemein-ägyptische Akzeptabilität hin ausgerichtet“, weshalb die Reichstriade „in ihm eine so bedeutende Rolle“ spiele (Assmann 1983 b: 225):

Drei sind alle Götter:
Amun, Re und Ptah,
denen keiner gleichkommt.
Der seinen Namen verbirgt als Amun,
er ist Re im Angesicht,
sein Leib ist Ptah.
Ihre Städte auf Erden
stehen fest auf immerdar:
Theben, Heliopolis, und Memphis allezeit.

Man schickt Botschaft vom Himmel,
man hört in Heliopolis,
man meldet es in Memphis dem Schöngesichtigen.
Ausgefertigt als Urkunde in der Schrift des Thot,
gelangt es zur Stadt des Amun mit ihren Angelegenheiten.
In Theben gibt man Ratschlüsse zur Antwort,
ein Orakel geht aus, bestimmt für die Neunheit,
alles was aus seinem, Amuns, Munde hervorgeht
die Götter sind darauf verpflichtet als Anweisungen.
Botschaften werden erteilt, die töten oder beleben,

Leben und Tod sind bei ihr (der Dreiheit?) für jedermann.
Einzig er allein, Amun, zusammen mit Re
(und Ptah), zu dreien verbunden.

(Assmann 1999: 333f)

Die dichte theologische Sprache dieses für die Religionsgeschichte überhaupt elementar paradigmatischen Hymnus bietet zunächst eine bildhafte Charakteristik der Göttlichkeit an sich, hier offenbar ausgedrückt mit der Fügung „alle Götter“: es geht um die göttliche Wirklichkeit, deren Dreifachstruktur festgehalten wird. Dem Göttlichen wohnt demnach die Verborgenheit des Namens (Amun) inne, die Sichtbarkeit der Erscheinung (Re) und die Verleiblichung der Gestalt (Ptah). Wie die drei Götter an den zentralen Kultorten der ägyptischen Tradition, Theben, Heliopolis und Memphis, dominieren, so bestimmen sie den Götterhimmel und qualifizieren die Kosmogonie. Bei dieser hochangesetzten Verortung bedarf es nicht mehr der primären Erinnerung an die Vorwelt-Götter und deren Verehrung in Hermupolis.

Der Mittelteil des Hymnus stellt eine Verbindung zwischen den klassischen Kultorten her, da deren Zusammengehörigkeit als Gegenstand göttlicher Planung und eines ‚ewigen Ratschlusses' gilt, wie diesen der Schreibergott Thot vorstellt, dessen Zitation immerhin seinen Kultort Hermupolis nicht völlig aus dem Blick läßt. Die innergöttliche und zugleich den irdischen Kultorten zukommende Korrespondenz – hier in ganz ungewöhnlicher Weise reflektiert – vermittelt auf bildhafte Weise den ramessidischen Glauben an den geheimnisvollen Austausch der göttlichen Träger der Dreiheit, ohne daß die Interessenwelt der Verehrer unbedacht bleibt. Offenkundig ist, daß nicht bloß eine gelehrte Spekulation geboten wird, die im Abseits der Bedürfnisse des gläubigen Ägypters liegen könnte, sondern daß einer politisch-religiösen Orientierung Ausdruck verliehen wird, und zwar bezogen sowohl auf die Einheit und Einigung der Institution des Staatsgebildes mit seinen traditionellen Zentren in Ober- und Unterägypten, wie aber gerade auch auf die zeitgenössische Mitte in Theben.

Der Schluß des Hymnus nimmt die Pointierung der Dreiheit wieder auf, um nunmehr die universale Kompetenz der Reichstriade über Leben und Tod ins Auge zu fassen. Hier ist es, der aktuellen Bedeutung der Reichsmetropole Theben entsprechend, sinnvoll, die maßgebend dialektische Konstitution der Gottesgestalt Amuns wahrzunehmen, die mit ihrer originären Vitalität einerseits und der bleibenden Verborgenheit andererseits dem Mysterium der göttlichen Dreiheit die umfassendste Weisungsbefugnis zuteil werden läßt, wie sie sich der Ägypter denken konnte, die Entscheidungsgewalt über Tod und Leben.

Die vielfach nicht ganz problemlos als „Persönliche Frömmigkeit" bezeichnete Erscheinungsform in der ägyptischen Religionsgeschichte und außerhalb derselben möchte eine Beziehung des einzelnen zur göttlichen Wirklichkeit pointieren, die sich korrelierend oder auch kontrastierend zur offiziellen Religiösität eines im wesentlichen geordneten oder auch verordneten Kultwesens vollzieht. Zeugnisse dieses Phänomens sind gerade in der Ramessidenzeit zahlreich anzutreffen, da die dominante Orientierung an der Verehrung des universalen Weltherrschers Amun-Re eine Ausblendung der praktischen Bedürfnisse des Individuums im Gefolge zu haben scheint. Die Entwicklung privater Beziehungsfelder zu Amun-Re ist aber gerade als Pendant zur Vertiefung der Gottesidee zu fassen, die bereits in den Grundvorstellungen von dem seinem Ursprung bleibend verhafteten Hochgott angelegt sind. Zu keinem Zeitpunkt ist demnach eine Entfremdung Amuns von seiner originären Kenntnis der chaotischen Bedrohung eingetreten, so daß er trotz und wegen seiner Emanzipation in Gefahr und Notlage anrufbar ist:

> Amun-Re, der Herr von Theben,
> der Große Gott, der Karnak vorsteht;
> der erlauchte Gott, der die Bitte hört,
> der kommt auf die Stimme des Armen, wenn er traurig ist,
> der Luft gibt dem, der in Bedrängnis ist.
>
> *(Assmann 1999: 371)*

Der Gott also, der selbst wie kein anderer die belebende „Luft" des Kosmos repräsentiert, spendet sein ureigenes Potential dem atemlosen einzelnen. Amun und die Hochgötter stehen an der Spitze der göttlichen Wesen, die man gern auch zur Kategorie „Hörgott" zählt, um deren vornehmste und meistgeschätzte Eigenschaft zu benennen.

In die Prädikationsbereiche der Gebetspraxis gehört vor allem die Vorstellung, daß der Sonnengott ein „Beschützer" und „Helfer" (gern mit dem semitischen Fremdwort *'dr* bezeichnet) oder ein „Hirt" ist:

> Komm zu mir, Amun, du starker Hirte!
> Mögest du geben, daß ich die Wohlbehaltenheit
> erreiche. *(Assmann 1999: 391)*

> Amun, du Hirte, der die Herde früh ausführt,
> der die Leidenden zum Kraute treibt!
> Der Hirt treibt die Rinder zum Kraut –
> Amun, du treibst die Leidenden zum Brot
> Denn Amun ist ein Hirte der nicht ermattet.
> *(Assmann 1999: 420)*

Besonders ergiebig ist hier ein aus Hymnus aus dem Papyrus Chester Beatty IV, der den Schöpfer der „Seienden" und „Lebenden" besingt:

> Du bist stark als Hirte, sie zu behüten für immer und
> ewig. *(Assmann 1999: 432)*

> Verbringst du den Tag nicht als Hirte der Menschheit,
> bis du untergehst im Leben? *(Assmann 1999: 434)*

> Wie stark bist du, unsere Sonne, Herr des Himmels,
> du Hirte, der zu behüten weiß! *(Assmann 1999: 436)*

> Wie schön bist du, wenn du aufgehst,
> Re du großer Hirte!
> Kommt alle, ihr Herden alle! *(Assmann 1999: 437)*

Die Bildsprache kennt ein Spektrum von Prädikationen aus dem Arsenal einer Schutzmetaphorik, die sich an dem Verlangen nach Sicherheit in gefährdeten Zonen zu Land und zu Wasser orientiert, wenn die Gottheit u. a. etwa als „Tor aus Erz", als „doppelstämmiger Mastbaum", oder als „Lotse, der das Wasser kennt" (Assmann 1999: 420f) angerufen wird. Die private Religiosität betont auch die Profession Amuns als Arzt sowie seine Wirksamkeit als ‚Medizin ohne Medizin':

Der vom Übel befreit, der die Krankheit verscheucht,
Arzt, der das Auge heilt ohne Medizin!
Der die Augen öffnet und die Blindheit vertreibt ...
(Assmann 1999: 427)

Der Kranke ruft nach dir. *(Assmann 1999: 433)*

Ein Heilmittel ist er für jedes Auge,
eine wahre Kur, die sofort anschlägt ...
(Assmann 1999: 434)

Amun verfügt über eine umfassende Sensibilität für alle Notlagen:

Er hat Augen wie Ohren,
ein Gesicht auf allen seinen Seiten für den, den er liebt.
Der die Gebete dessen erhört, der zu ihm ruft,
der von ferne kommt zu dem, der ihn anruft, in einem
Augenblick. *(Assmann 1999: 427)*

Jedermann wendet sich an dich, um dich anzuflehen.
Deine Ohren stehen offen, sie zu hören
und ihren Wunsch zu erfüllen. *(Assmann 1999: 433)*

Es ist kein Wunder, daß sich gerade auch die Dekoration der sogenannten „Ohrenstelen" dieses Erwartungshorizonts angenommen hat, da sie sich in überschwenglicher Weise in der optischen Präsentation von Ohren ergeht, wie eine dem Ptah als prominentem „Hörgott" gewidmete Votivstele aus Memphis zeigt (Abb. 16). Der Gedanke an eine Widmung an die Gottheit aus Dankbarkeit für die Heilung von einem Ohrenleiden wäre hier gewiß zu vordergründig, wenn nicht abwegig. Es ist vielmehr sowohl mit dem kumulativen Aspekt magischer Dekorationen zu rechnen, die der Vielzahl göttlicher Ohren auch eine umfassende Hörbereitschaft attestieren möchte, wie aber auch vor allem mit dem gläubigen Bewußtsein, daß der „Hörgott" über ein Sinnesorgan verfügt, das die menschlichen Maßstäbe bei weitem übersteigt. Erinnert sei hier an den bereits zitierten Hymnentext, der dem Weltengott „siebenhundertsiebenundsiebzig“, d. h. unbeschreiblich viele Ohrenpaare zuschreibt (vgl. Assmann 1999: 309).

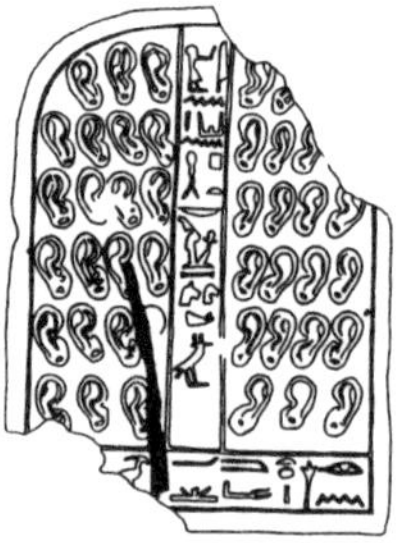

Abb. 16

Zu den einfachsten und zugleich eindrucksvollsten Bekenntnissen der individuellen Glaubenshaltung zählen die Zeugnisse der Miniaturkunst, vor allem diejenigen, die neben Symbolen und Titeln der gemeinten Gottheit auch eine ‚Kurzformel‘ des Glaubens bieten, wie etwa eine sogenannte „ovale Platte“, deren eine Seite die göttliche Amunsgans auf der Barke, den beigeschriebenen Gottesnamen und das *nfr*-Zeichen (für das Gute und Schöne in höchster Vollendung) zeigt (vgl. Abb. 9) und auf der anderen (Abb. 17) den Sinnspruch:

Es gibt keine Zuflucht für mein Herz außer bei Amun-Re

Abb. 17

Beide Seiten des Amuletts sind aufeinander bezogen durch die Zitation des Gottesnamens und die Auffassung des Sonnengottes in seiner Barke als des lebenszugewandten Gottes, dem sich der Träger des Amuletts anempfehlen kann. Die Vertrauensäußerung kann sich auch an die semantische Beziehung zwischen dem göttlichen und menschlichen „Bleiben" halten, wie es im Ägyptischen durch das im Gottesnamen enthaltene Konsonantenpaar *mn* ausgedrückt wird. Die sogenannte „Amunsdevise" steht daher elementaren Sentenzen der Bibel, wie etwa „Glaubt ihr nicht, so bleibt ihr nicht" (Jesaja 7,9), nicht so fern, da auch dort ein Wortspiel mit einer Wurzel (*'mn* „fest sein") vorliegt, die vielleicht sogar mit der ägyptischen Wortwurzel *mn* verwandt und damit auch mit dem Gottesnamen Amun verbunden werden könnte.

Die persönliche Religiosität ist derart an die Anerkennung der kosmischen Dimension des Hochgottes gebunden, daß ein radikaler Rückzug aus der naturgegebenen Öffentlichkeit in eine Sphäre intimer Frömmigkeit und meditativer Gebetspraxis nicht denkbar erscheint. Die Sinnenhaftigkeit ist mit der Glaubenshaltung intensiv verwoben, das Leibhafte den anderen Wirkkräften im Menschen engstens zugeordnet, so daß jede Artikulation von Gottesbeziehung zugleich eine Begegnung mit einer kosmischen Erfahrung darstellt. Diese Art kosmotheologischer Religiosität kann weder auf immanente und psychische Reflexionen reduziert noch auch auf soziale und geschichtliche Bezüge beschränkt werden, da diese Bereiche der Selbsterfahrung für den Ägypter allem Anschein nach so gut wie selbstverständlich zur Grundverfassung des Menschen vor dem Angesicht des im Kosmos waltenden Sonnengottes gehören. Die geprägte Geschöpflichkeit des Menschen vor Gott ist es auch, der wir uns nunmehr zuwenden müssen, um der ägyptischen Idee von der königlichen Partizipation am Weltgeschehen näherzutreten.

II. Solares Königtum

1. Einheit mit Re

Das Grundverhältnis des Schöpfergottes zur Lebenswelt erfährt in der Beziehung zum König eine Manifestation, die nicht nur den Makrokosmos der Universalherrschaft des Sonnengottes in einem Mikrokosmos der Machtausübung des irdischen Herrschers abbildet, sondern geradezu eine beidseitige Angewiesenheit aufeinander beobachten läßt, die aufs Erste den an eine wesensmäßige Distanz von Schöpfer und Geschöpf gewöhnten Gläubigen unserer Provenienz irritieren muß. Dennoch muß alle Würdigung der lebensstützenden Rolle des Sonnenlaufes, besonders der Position am Mittag der Tageszeit davon ausgehen, daß der König als der exemplarische Mensch dazu von vornherein erwählt ist, an der Seite des Sonnengottes das Geschick der gewordenen Welt in Gang zu halten.

Die Auffassung von einem partnerschaftlichen Miteinander zwischen König und Gott hat in einschlägigen Phrasen der Königsideologie ihren Niederschlag gefunden. So weiß man seit dem Mittleren Reich von der frühkindlichen Erwählung des Königs durch die Gottheit, ja man redet mehr und mehr in variablen Wendungen von einer vorgeburtlichen Grundausstattung, die sich von einer Prädestination als einer Vorbestimmung auf Zukünftiges hin durchaus unterscheidet (Görg 1975: 76–80). Der ägyptische König *ist* nicht erst seit seinem Regierungsantritt oder mit der Thronbesteigung mit göttlicher Autorität behaftet, sondern trägt die volle Würde seiner Gottesbeziehung durch seine originäre Teilhabe am Aufstiegsprozeß des Sonnengottes von Anfang an in sich, so daß er nicht vorausbestimmt, sondern erklärtermaßen von vornherein im Besitz seiner Dignität ist. So heißt es in einer Inschrift Ramses' III. aus dem Jahr 11:

> Er (Amun-Re) erwählte einen Herrn,
> den er geschaffen hatte,
> Same, der aus seinem Leib hervorging,

ein göttliches Kind,
mit großer Kraft und starkem Arm.

Besonders eindringlich verdeutlicht eine höfische und im Rahmen einer sogenannten Königsnovelle enthaltene Eulogie auf der Kubanstele Ramses II., wie weit man in der Erwählung des Königs zu gehen bereit sein konnte (Zitate nach Assmann 1999: 532f):

Du hast Pläne gemacht,
als du noch im Ei warst,
in deinem Amt eines kronprinzlichen Kindes.

Die Angelegenheiten der beiden Ufer wurden dir
erzählt,
als du noch ein Kind mit der Jugendlocke warst.
Kein Bauwerk wurde errichtet wenn nicht auf deinen
Wink,
keine Entscheidung gefällt ohne dein Wissen.

Du warst ‚oberster Mund' der Armee,
als du ein Knabe von zehn Jahren warst.
Jede Arbeit, die ausgeführt wurde –
es war deine Hand,
die das Fundament legte.

Die Verherrlichung des Königs stellt sich keineswegs nur als servile Offerte von höfischen Floskeln dar, sondern beruht auf dem Glauben an die göttliche Provenienz des Herrschers, der zu Beginn des Liedes mit dem Sonnengott geglichen wird:

Du bist Re in allem, was du getan hast,
was dein Herz wünscht, das geschieht.
Wenn du in der Nacht einen Wunsch planst,
am Morgen bereits ist er verwirklicht.

Der Glaube an die Einheit mit Re bezieht sich nicht nur auf die aktuellen Maßnahmen der Regierung, sondern umgreift alle bisherigen Aktivitäten Pharaos, so daß auch die scheinbar mit dem normalen Tag-Nacht-Wechsel operierende Phrase von der Erfüllung des Nachttraums am Tage letztlich die Vorstellung von der Präsenz des Erwählten im Ur-Ei des Sonnengottes impliziert, der am Morgen der Zeit sein Leben aus sich entläßt. Die mythische Dimension, die der königlichen Rede eignet, eröffnet sich als Rede gleich der des universalen Schöpfers Re-Harachte, deren Qualität sogar das Wort bekannter Hochgötter wie Thot hinter sich läßt:

> Alles was aus deinem Munde hervorgeht,
> ist wie die Worte des Harachte.
> Eine Waage ist deine Zunge,
> deine Lippen sind genauer
> als das genaueste Maß des Thot.

Der königlichen Rede kommt sogar die höchstgöttliche Kraft der Wortschöpfung zu, die das Gesprochene sofort ins Dasein umsetzt:

> Wenn du zum Wasser sagst:
> „Komm auf den Berg!“
> der Nun kommt sofort nach deinem Ausspruch heraus.

Damit wird der König zum uranfänglichen Dirigenten über die Vor-Welt erhoben, welcher Gedanke wohl in der Religionsgeschichte seinesgleichen sucht, im biblischen Kontext ohnehin nicht gewagt werden kann, da dort die Dignität des alleinigen Schöpfers keine Konkurrenz zuläßt, wenn auch Mitgestaltung der Welt gefordert wird (vgl. Genesis 1,26–28). Auch Mose kann nur in der Vollmacht seines Gottes Wasser aus dem Felsen schlagen (vgl. Exodus 17,6). Selbst wenn sich die Diktion der Höflinge auf den „Brunnenbau in der Wüste“ beziehen sollte (Assmann 1999: 533), ist die Evokation des Ur-Gottes Nun bezeichnend für die hier dem göttergleichen Pharao zugemessene kreative Autorität.

So repräsentieren auch die oben zitierten Stufen des Wachstums des Königs vom Samen oder Ei über das Kindsein, die Jugend bis zur Thronbesteigung offensichtlich nichts anderes als die Primärphasen des Sonnenaufstiegs, womit sich das kosmische Geschehen im Verlauf der königlichen Erhebung nicht nur jeweils in einer Art Analogie schauen läßt, sondern in substantieller Weise selbst aktuell vergegenwärtigt. Entsprechend kann die Doxologie fortfahren:

> Denn du bist Re leibhaftig,
> Chepre in seiner wahren Gestalt.
> Du bist das lebende Abbild auf Erden
> deines Vaters Atum in Heliopolis.
> Hu ist in deinem Mund,
> Sia ist in deinem Herz;
> deine Zunge ist ein Schrein der Maat,
> auf deinen Lippen sitzt ein Gott.

Die Konstellation der neben Re genannten Namen Chepre und Atum bezieht sich auf den gesamten Sonnenlauf am Tage; die weiter erwähnten Gottheiten rufen in Erinnerung, was über den göttlichen Hofstaat in der Barke der Sonne gesagt wurde (zu Abb. 13). Es ist überdies ohne Zweifel so, daß auch jene für den Toten ansichtig gedachte Illustration den verstorbenen König selbst im Visier hat. Wenn der Sonnengott auf seiner Barke erhoben in das Reich des Osiris übergeht, um dort in den regenerativen Zyklus einzutauchen, ist der nicht ausdrücklich dargestellte König in seinem Ur-Gott präsent. So kann der Text der Eulogie mit einer endgültigen Devise enden:

> Du wirst immer sein,
> und immer wird man nach deinen Ratschlüssen handeln,
> alles, was du sagst, wird gehört werden, o König, unser Herr!

Die sprunghafte Zunahme von Prädikationen seit dem Mittleren Reich, wonach der Pharao mit Re selbst geglichen wird, ist ein unübersehbares Signal für den Glauben an die höchstgöttliche Erwählung. Als „Sonne der Menschen, die die Finsternis von Ägypten vertreibt“, als „Re Ägyptens“

und als „Re der Fremdländer" u. ä. verdient der Pharao die euphorische Adresse der Höflinge, wenn sie ihn mit „Du bist Re!" feiern (vgl. Hornung 1992: 151). Über alle Maßen gelingt die Manifestation dieser Einschätzung, wenn ein Pharao wie Ramses III. seinen Namen in die Mitte der Sonnenscheibe einschreiben läßt:

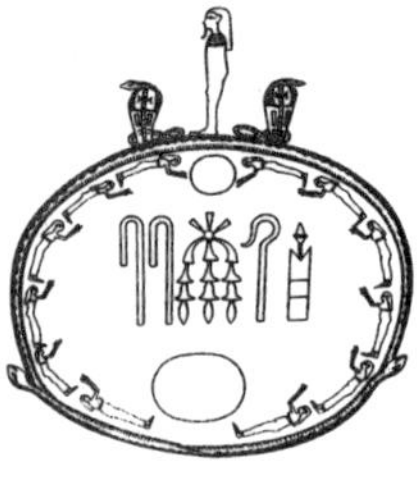

Abb. 18

2. Sohn Gottes

Zu den zweifellos nachhaltigsten Entdeckungen der ägyptischen Theologie gehört die Rede vom König als „Sohn des Re", die erstmals bei Pharao Djedefre, dem dritten König der 4. Dynastie, begegnet und von da an kontinuierlich bis in die Zeit der Griechen und Römer innerhalb der Herrschertitulaturen Ägyptens wiederkehrt. Der Hoheitstitel ist nicht nur als eine Innovation zu verstehen, die das Verhältnis des Königs zur höchsten Gottheit zu klären versucht, so daß die „Heraufkunft des transzendenten Gottes" (Morenz) nicht ohne weiteres in Korrespondenz zur Begriffsfindung zu sehen sein wird. Die ‚Sohnschaft' des Pharao ist vielmehr als eine Vorstellung zu betrachten, die in der empirischen Struktur des Vater-Sohn-Verhältnisses verwurzelt ist, wie sie dem Ägypter naturgemäß zu Lebzeiten, besonders aber wohl auch angesichts seiner Orientierung auf ein Weiterleben, als eine existentielle und verpflichtende Beziehung bewußt gewesen ist. Dem regierenden Herrscher war zudem die Bindung an seinen väterlichen Vorgänger so sehr präsent, daß er sich als „Erbe" eines und vieler „verklärter"

Ahnen auf dem Thron verstand, von denen er sich in der Kontinuität des Königtums getragen glaubte.

Da also der Sohnestitel seine tiefste Verankerung in der mythischen Konzeption vom Fortbestand der dynastischen Erwählung hat, kann man von einem „Mythologem“ sprechen, das im Zuge der theologischen Reflexion zu einem „Theologem“ geworden ist, wie es noch im christlichen Credo erscheint.

Die ältesten Traditionen des Mythologems sind allem Anschein nach an die mythische Sukzession Osiris-Horus geknüpft, d. h. an den Mythos jenes ‚Gottes im Tode‘, d. h. des Sachwalters des Re in der Unterwelt, der in seinem Sohn Horus vergegenwärtigt wird. Im Blick auf Horus, mit dem sich der König identifiziert, wird der Pharao zum exemplarischen Sohn, der sich in der Ehrfurcht gegenüber seinem Vater bewährt.

Diese Grundidee muß nun nicht zu der aufgezeigten Auffassung von dem ursprünglichen und bleibenden Einssein mit dem Sonnengott in eine unaufhebbare Konkurrenz oder gar in einen Konflikt geraten, im Gegenteil: die Göttlichkeit des Re ist ja das konstitutive Merkmal von Vater und Sohn in der dynastischen Sequenz. Re ist der Vater schlechthin, der aus der Einheit mit dem königlichen Vater in dessen königlichem Sohn wiederum die ideale Ausprägung seiner eigenen Ur-Vaterschaft schafft. Nur so ist verständlich, daß die ägyptische Formulierung „die Vollkommenheit schaffen“ *(qm3 nfrw)* nichts anderes als „das Königtum schaffen“ bedeutet.

Das Mythologem „Sohn des Re“ hat eine ikonographische Tradition zur Seite, die ebenfalls bis in das Alte Reich zurückreicht. Es handelt sich um den ins Bild gesetzten Mythos von der göttlichen Geburt, der uns in einer jeweils nur geringfügig modifizierten Szenensequenz vor allem in den wohl bekanntesten Tempeln des Neuen Reiches vor Augen tritt, nämlich im Totentempel der Hatschepsut in Deir el Bahri (Theben-West) und im Tempel des Amun in Theben (heute Luxor, Oberägypten). Die Szenenfolge der sogenannten Geburtslegende erscheint freilich noch ca. 1000 Jahre später in einer erstaunlich kanonisierten Prägnanz in Tempeln der griechisch-römischen Zeit, so daß von einem relativ festgefügten Erbstück ägyptischer Glaubenstradition gesprochen werden darf, das seine Wirkung auf die Zeitgenossen der sogenannten Zeitenwende gewiß nicht verfehlt haben wird, ja sogar ermuntern konnte, sich selbst im Blick auf eigene Überlieferungen an Vor-Bildern zu orientieren.

Abb. 19

Aus dem Zyklus wählen wir jene Szene aus (Abb. 19), die der empfangenden Begegnung mit dem ‚Geistgott' Amun gewidmet ist und mit ihren Beischriften an den Wänden des ‚Geburtsraums' insbesondere auch die kosmische Atmosphäre zur Sprache bringt, wie sie der Öffnung der Sinne für den göttlichen „Duft" innewohnt.

Die Königsmutter bekennt sich zu ihrem göttlichen Partner:

> Dein Duft ist in all meinen Gliedern.

Amun bekennt sich zur Königin:

> Dein Geruch erfreut mich;
> dein Duft ist der des Gotteslandes;
> dein Wohlgeruch ist der von Punt.

Der „Duft“ *(jdt)* des göttlichen Erzeugers umhüllt nach dem Kontext die Intimität der Begegnung und vermittelt dem Geschehen das Flair der kosmischen Belebung, deren Dimension nicht zuletzt durch die Gestaltung der oberen Sitzfläche mit der Hieroglyphe für den Himmel *(pt)* signalisiert wird. Amun, der „Atemluft für jede Nase“ gibt und sich „im Lufthauch erleben läßt“, verströmt die kreative Ur-Potenz seiner Herkunft. Er „überwindet die Distanz zwischen Gott und Mensch, indem er die Königin durch den Duft in eine göttliche Aura einhüllt, sie in gewisser Weise vergöttlicht und damit die Möglichkeit einer Gemeinsamkeit zwischen Gott und Mensch konstituiert“ (Kügler 2000: 35).

Der Gottesduft, der den Palast durchzieht, und die kreative Gegenwart des Schöpfers versinnbildet, hat seinen Ursprung in der vorweltlichen Ausstrahlung der exotisch-mystischen Verborgenheit des Amun.

In der ägyptischen Sprache sind die Wörter für „Duft“ *(jdt)* und „Tau“ *(j3dt)* miteinander lautlich verwandt, so daß sie mit der Zeit ineinander übergegangen sind. Auch semantisch zeigt sich ein Zusammenhang. Der Gottesduft wird nämlich auch mit dem „Tau des Himmels“ verbunden, ja er kommt so einem kosmischen „Spray“ nahe, der wiederum mit jenem Ur-Wasser zu tun hat, das den Sonnengott aus sich entläßt und darum auch eine elementar belebende Wirkung hat.

Der zweite biblische Schöpfungstext, der vor Beginn der göttlichen Einrichtung des Gartens (in) Eden und der Formung des Menschen die Vor-Welt schildert, weiß von einem „Tau“ zu erzählen, der aus der Erdentiefe kommt und die Erde benetzte (Genesis 2,6). Das Wort entspricht lautlich und semantisch dem ägyptischen Wort „Tau“; seine Wahl bezeugt damit das Nachwirken ägyptischer Ideen in Israel, zumal es um die elementare Sphäre der Bereitung für das Leben geht. Als Duft, der dem Gottesduft kongenial erscheint, gilt der Weihrauch, der auch seinem Namen nach in die Atmossphäre der Götter führt.

Die Königin Hatschepsut, die nicht zuletzt wegen der in ihrem Totentempel dargestellten Expedition zur Fürstin von

Punt bekannt geworden ist, hat Ägypten näher mit jenem exotischen Land zusammengeführt, das man zu den ‚Gottesländern' zählen und zu den im Osten, d. h. gegen Sonnenaufgang gelegenen Regionen rechnen konnte, zumal die Südwärtsfahrt nach Punt erst nach einer langen Anreise in östlicher Richtung hin zur Küste des Roten Meeres anzutreten war.

So ist es gut verständlich, daß man das besondere Exportprodukt Weihrauch auch mit dem Osten, dem Morgen der Zeit, in Verbindung brachte. Der Weihrauch hat von daher die exotische und doch belebende Duftnote des Sonnengottes im Aufgang und verschafft ein Ambiente der kosmischen Regeneration.

Die Geburtshalle im Totentempel der Königin komplementiert also die Idee einer sich erneuernden Vitalität des Sonnengottes, an der die Königin wie ein Pharao partizipiert. Für ein tieferes Eindringen in das Mysterium der königlichen Geburt aus Gott ist daher die Bindung an das Geschehen nach dem Tod und der Glaube an die grundlegende und zyklische Erneuerung von großer Bedeutung. Möglicherweise geht auch die Orientierung am Zyklus der Geburt des Gottkönigs letztlich auf funeräre Vorstellungen zurück, die in der Grabdekoration des Alten Reichs mit der Darstellung der Isis als Kopfstütze oder als Bett und Osiris als Wächter über das Bett erscheinen lassen: „Auf dem Bett vollzieht sich das Schicksal des Osiris; auf das Sterben des Gottes und auf das Liegen auf dem Bett folgt die Wiederauferstehung durch die Wiedergeburt in seinem Sohn Horus" (Altenmüller 1996: 8).

3. Lebendes Bild

Zu der u. a. von Hellmut Brunner gewählten Bezeichnung des Pharao als „Gottkönig" hat Erik Hornung kritisch vermerkt, daß sie die ägyptische Auffassung vom Königtum nicht treffe, die „überaus differenziert und ausgewogen sei": „Pharao gleicht den Göttern, ohne in seiner Person Gott zu sein; er ist irdisches, sichtbares ‚Bild' eines Gottes und spielt hier auf Erden die Rolle eines Gottes" (1992: 151). Die freilich nicht durch eine genaue ägyptische Entsprechung gedeckte Titulatur „Gottkönig" hat vielleicht doch ihr Recht, wenn man an die königstheologische Bindung an den göttlichen Ursprung denkt, der im Pharao als ‚lebendiges Bild' Gottes aufscheint, und diesen sozusagen als sichtbare Ikone des letztlich Unsichtbaren auffaßt. Zudem ist der ägyptische „Gottkönig" als Gegenstück zum uns vertrauteren Ausdruck „Gottmensch" gut geeignet, das genuine Merkmal in der Einschätzung königlicher Dignität in Ägypten herauszustellen, das eben nicht den Menschen an sich und so jeden Menschen, sondern ausschließlich den Herrscher auszeichnet, dem die höchste Gottheit innewohnt. Amenophis III. hat seinen Tempel in Soleb im sudanesischen Nubien als Tempel des „lebendigen Bildes Amuns" bezeichnen lassen, wie denn auch der junge Tutanchamun eben diese theologische Charakteristik in seinem Namen selbst vor Augen stellt. So kann es denn doch nicht gerechtfertigt sein, in der Bezeichnung „eine erneute Rangminderung des Königs" (Morenz 1975: 38) ausgesprochen sehen zu wollen; im Gegenteil, die verborgene Identität mit dem Sonnengott erfährt eine unvergleichliche Transparenz, die weder der exzeptionellen Autonomie des Sonnengottes selbst noch der irdischen Verbundenheit des Gottessohnes im Wege steht.

Die spezifische Funktion des Königs als Repräsentant des Sonnengottes v. a. unter den synonymen Bezeichnungen *ẖntj* und *twtw* besteht in der Ausübung der Herrschaft Gottes auf Erden, wie eine Reihe von Belegen manifestiert (vgl. Ockinga 1984: 20–23). Die Stele des Königs Rahotep aus Koptos versinnbildet diesen Aspekt, wenn die Höflinge dem König gegenüber erklären:

> Als sein Bild (*ẖntj)* hat Re dich eingesetzt, zur Rettung des Schiffbrüchigen.

Der Gerettete, der hier unter der Metapher des Schiffbrüchigen erscheint, ist zweifellos der Schwache, dessen sich der König annimmt. Die Umschreibung ist um so eher geeignet, als sie der Vorstellung von der Fahrt des Sonnengottes in der Barke mit dem König als Begleiter nahesteht und so eine plastische Idee der Errettung aus der „Seenot" des menschlichen Lebens vermittelt. Das „Bild des Re" wird nicht bloß als Objekt der Verehrung aufgefaßt, sondern ist im besten Sinne funktionstüchtig, wie dies auch in umfassenderem Ausmaß in einer Inschrift Amenophis' III. auf einer Stele hinter den Memnonskolossen verdeutlicht ist:

> Dieses Land habe ich in seiner Länge und Breite
> geschaffen,
> um auszuführen, was mein Ka wünscht …
> du bewirtschaftest es für mich aus liebendem Herzen,
> denn du bist mein geliebter Sohn,
> der aus meinem Leibe hervorgegangen ist,
> mein Bild (*ḫntj*), das ich auf Erden gestellt habe.
> In Frieden lasse ich dich das Land regieren,
> indem du die Häupter aller Fremdländer tilgst.

Die kompetente Kontrolle des Staatswesens auf allen Ebenen des politischen Agierens nach innen und außen steht hiernach im Gefolge der ‚Bildwerdung' des Königs, die eigentlich ein Heraustreten des höchsten Gottes aus der ihm angeborenen Verborgenheit darstellt. Dieses Entbergen bedeutet Machtausübung und zugleich eine *Offenbarung* der kosmischen Autorität des Sonnengottes. Erik Hornung hat mit Recht angemerkt: „Die Grenzen zwischen Abbild, Vergleich und Identifizierung scheinen uns unscharf, eine Erscheinung ‚wie Re' wird unversehens zu einer Erscheinung ‚als Re'" (1971: 130). Dennoch entzieht sich naturgemäß das Mysterium einer Differenzierung im Detail, der Versuch einer Definition versagt.

Nun kann der König selbst häufig als „lebendiges Kultbild" erscheinen, zumal die Bezeichnungen *ḫntj* und *twtw* in erster Linie auf Statuen zu beziehen sind, die vor allem dem Opferkult zugeordnet sind und in Prozessionen mitgeführt werden können. Statuen sind als dauerhafte Verkörperung des Dargestellten mit einer genuinen Wirksamkeit behaftet, die die gleiche Reverenz verlangt wie sie dem aktuell erscheinenden König zukommt. Nicht leicht zu klären ist, welche Rolle das Kultbild eines Gottes im Tempel einnimmt, wie anscheinend erstmals in der 19. Dynastie von einem *ḫntj* des Gottes Amun im Sinne einer Götterstatue die Rede ist. Diese Präsentation der Gottheit, die keinesfalls eine pure Identität mit der göttlichen Wirklichkeit signalisiert, kann wohl nicht anders als eine Art Verleiblichung verstanden werden, die auf eine geheimnisvolle Weise mit der Inkorporation der Gottheit im König konkurriert. Beide Vorstellungen, der König als Kultbild und die Gottheit im Kultbild, stehen jedoch nicht in einem unauflöslichen Kontrast zueinander. Wenn in einer Prozession das Kultbild des Amun in der Barke mitgeführt wird und der König in seiner Sänfte mitsamt seiner Priesterschaft mitzieht, ergibt sich eine spektakuläre Korrelation, die den Erwählenden neben dem Erwählten in wechselseitiger Zuordnung zeigt. Ein Musterbeispiel dieser zweifachen Erscheinung Gottes stellt wohl die ‚Min-Prozession' dar, wie sie im Tempel Ramses' III. in Medinet Habu dargestellt ist. Die Prozessionsstatue des Gottes Amun in seiner Erscheinungsform als zeugungsgewaltiger Gott Min und der Pharao als irdischer Herrscher sind demnach wohl zwei komplementäre Variantgestaltungen ein und derselben theologischen Grundidee, nämlich der des Heraustretens der höchsten Gottheit aus dem Dunkel des Ursprungs und der offenbaren Ansichtigkeit der göttlichen Gegenwart. Die feierliche Anrede an Amun-Re in einem der ramessidischen Hymnen weiß ebenfalls um das ‚göttliche Kultbild' als Min, das in enger Beziehung zum ‚lebenden Kultbild', dem Pharao, steht, indem zunächst die Gottheit gepriesen wird:

> Dein Kultbild ist in deinem Frauenhaus
> in Gestalt deiner Verkörperung als Min, der den Arm erhebt,
> mit hoher Federkrone, der König der Götter,
> mit starker Macht, der Herr des Ansehns …

um dieser Eulogie eine Bitte für den König folgen zu lassen:

> Mögest du deinen Sohn dauern lassen,
> der auf deinem Thron sitzt,
> seinen Leib verjüngen auf Erden!
> Mögest du ihn vervollkommnen
> und ihn erscheinen lassen mit deinem Amt,
> dein lebendes Abbild, das wie Re aufgeht.
>
> *(Assmann 1999: 316f)*

Im Zusammenhang mit der Diskussion um das Verhältnis des Königs zum Kultbild ist auch die Frage aufgetaucht, ob der König u. a. als Kultbild mit der Vorstellung einer aktuell vollzogenen und temporären ‚Einwohnung' Gottes gedeutet worden sei. Der dazu bemühte Texthinweis auf einer Stele des Amosis, der von einem „Schweben" der „Heiligkeit des Re" über dem König redet, wird aber wohl lediglich im Sinne des gottgewährten Schutzes zu verstehen sein (Ockinga 1984: 31f). Entsprechend ist auch die Rede vom Schweben des die Gottheit symbolisierenden und den König schützenden Vogels (Falke, Geier) als metaphorische Variation der verbreiteten Szenerie zu sehen, wonach die geflügelte Sonnenscheibe über der Darstellung des Königs ihren Platz hat. Der König als „lebendiges Kultbild" ist nicht nur ein temporärer Gottesträger, sondern ein auf Dauer erwählter Repräsentant des in die Visibilität eingetretenen Gottes.

Unter dem Eindruck der sich bis in die griechisch-römische Zeit Ägyptens durchhaltenden ‚ikonologischen' Konzeption des Pharao mag man sich vergegenwärtigen, welchen religions- und humangeschichtlichen Akzent die Ausdehnung des Titels „Bild Gottes" auf den Menschen überhaupt und ohne jede Unterscheidung bedeutet hat, wie er in Genesis 1,26–28 gesetzt worden ist. Dies sei nicht betont, um eine konträre, den ägyptischen Ansatz relativierende Position zu markieren, sondern um die expansive Tragfähigkeit der kosmischen Idee vom Wohnen Gottes im Erwählten zu würdigen, die primär in Ägypten entwickelt worden ist und eine nachherige Ausdifferenzierung des Erwählungsbewußtseins erst ermöglicht hat, so daß der biblische Autor grundsätzlich zu den Rezipienten einer auswärtigen Inspiration gezählt werden muß.

Der Gedanke der unvergleichlichen Gottesbildlichkeit des Königs, in biblischer Perspektive ausgedehnt auf den Menschen überhaupt, der mithin zu einem königlichen Menschen wird, ist in der späteren Reflexionsgeschichte auch zu einem zentralen Argument in der Rechtfertigung des sogenannten Bilderverbots geworden. Moses Mendelssohn hat gerade die Charakteristik des Menschen als Bild Gottes als Zeichen der Exklusivität genommen, um zugleich Wahrheit und Notwendigkeit konkurrierender Bilder von Gott zu bestreiten. Die ägyptische Ehrfurcht vor der singulären Dignität des Königs als des exemplarischen Menschen vor Gott konnte bereits den Götterbildern im Kult in engstem Konnex zu den Statuen der Könige eine repräsentative Komplexität zusprechen, so daß gerade die zahlreichen und auffallenden Kolossalfiguren der Pharaonen nicht weniger als die überlebensgroßen Götterfiguren im Bereich der Tempel die gottmenschliche Relation im kosmischen Ausmaß wiederspiegeln können. Der König als Kultbild umschließt so alle geschaffene Wirklichkeit, in der Gott wohnt, so daß es letztlich keine Konkurrenz der Bilder geben kann. Vielleicht kann auch die biblische Rede von der Gottesbildlichkeit des Menschen, die sich anscheinend unter dem Bild der Herrschaft über die Tiere auf eine wirksame Betreuung des ganzen Lebensraums bezieht, zu Recht als ein Votum gegen Götterbilder von Menschenhand interpretiert werden, sofern diese die Autorität des allumfassenden Einen in Verbindung mit der des erwählten Menschen unglaubwürdig machen könnten. Der Mensch als die einzig legitime Ikone seines Gottes bedarf nach dieser Sicht keiner Substitute mehr, schon gar nicht, um eine imaginäre Vielheit des Götterhimmels zur Demonstration der kosmischen Schöpfermacht und seiner Partizipation daran zu bemühen.

4. Sonnenpriester

Der König ist im Kult der erste Opferpriester, der sich im Vollzug durch den führenden Amtsträger der Priesterschaft vertreten lassen kann. Die kultische Betätigung ist jedoch keineswegs nur ein Akt der devoten Verehrung oder gar einer selbstlosen Unterwerfung. Als autorisierter Teilhaber am kosmischen Geschehen des Sonnenlaufes verfügt der Pharao über eine initiale Kompetenz, die ihn zusammen mit der Gottheit, der er in den Opferriten begegnet, zu Handlungsträgern im Kultgeschehen macht. Eine prozessuale Kooperation in der Liturgie läßt beide miteinander optisch so korrespondieren, daß eine gewisse Ebenbürtigkeit vor Augen tritt, wie dieser Eindruck auch durch die Phraseologie der Beischriften bestätigt wird.

Die bekannten Formeln zur Charakteristik des Opfergeschehens wie „Do ut des" („Ich gebe, damit Du gibst") oder „Do, quia dedisti" („Ich gebe, weil Du gegeben hast") treffen das zwischen dem Opfernden und der Gottheit funktionierende Sinngefüge nicht. So ist es wohl zutreffend, wenn Hornung den ägyptischen Göttern attestiert: „Sie verlangen keinen Kult und sind auf keine materielle Darbringung angewiesen, aber sie freuen sich des Echos, das ihr Schöpferwort findet, und gern nehmen sie die materiellen wie ideellen Gaben des Menschen an" (1971: 198). Auch gilt, daß die dargebrachte Gabe „keinen geforderten Tribut und keinen Zwang zur Gegenleistung" bedeutet, sondern „Geschenk" sein will und „etwas von der Freiheit" enthält, „welche die Götter mit ihrem Schöpferatem dem Menschen spenden". Dennoch ist auch die demzufolge eingenommene Position Hornungs, vor der Gabe des Menschen hätten „die Götter schon alles gegeben", so daß in den Götterreden der Beischriften zu den Opferszenen ein Vergangenheitstempus angezeigt sei, nicht unproblematisch, da es nicht nur um die Zweisamkeit von Gott und Mensch geht, sondern um die beidseitige Orientierung auf ein Drittes hin, dem Gott und Mensch, insbesondere Gott und König, zugeordnet sind.

Man darf daher die in den Beischriften gewählten Verbformen der scheinbaren Vergangenheit („Ich habe Dir gegeben" u. ä.) als koinzidente, d. h. gegenwärtig wirksame Erklärungen („Ich gebe Dir jetzt" u. ä.) interpretieren, die vom König und der Gottheit in einem feierlichen Austausch proklamiert werden.

Es ist demnach ein stimmiger Ausgleich vorgesehen angesichts des obwaltenden Ordnungsprinzips, das die beiden ‚Partner' des liturgischen Schauspiels zur Bestätigung der eigenen Rollen leitet. Beide dienen nämlich der *Maat*, die ‚jedem das Seine' zukommen läßt, so daß alle Beteiligten „zufrieden" (*ḥtp*) sind. Insofern gehören Opfertätigkeit, Feindüberwindung und Bautätigkeit von seiten des Königs auf die gleiche Ebene, da sie ein „Verwirklichen der *Maat*" (Hornung 1992: 144) bezeugen. Der Erwählende und der Erwählte, sei es nun der Gott oder der König, schulden und verdanken ihr jeweiliges Vermögen jener unabhängigen Instanz. Gerade die rituellen Schlachtungen und Tieropfer, die eine Überwindung der mythischen Götterfeinde wie des Gottes Seth implizieren, aber auch Baumaßnahmen wie vor allem der Tempelanlagen, die im Widerstand gegen die zerstörenden Kräfte des Chaos geschaffen werden, erfüllen die ‚Gesetze' der *Maat*, wovon beide, Gott und König, profitieren. Wiederum will es scheinen, als seien der Sonnengott und die *Maat* voneinander absolut scheidbare Größen mit je eigener Kompetenz, doch bilden auch sie eine der in Ägypten so zahlreichen ‚Doppelspitzen', die kontrastierende Funktionen zusammenschauen lassen. Nicht umsonst kann der Ägypter die *Maat* ihrerseits als Göttin fassen, noch dazu als Tochter des Sonnengottes Re, um die Grundordnung der Welt letztlich als urgöttliches Erzeugnis auszuweisen. In der Verborgenheit des Ur-Gottes ist auch die Rolle der *Maat* angelegt.

Darüber hinaus sind Gott und König dem gemeinsamen Vollzug eines kosmischen Ablaufs zugeordnet, da sie zusammen den Prozeß des Sonnenlaufes in Gang halten und so das Fortbestehen der Weltordnung garantieren. Der Sonnenpriester tritt als Tempelherr in eine exquisite Funktion ein.

5. Tempelherr

Der König als Bauherr eines Tempels stiftet einen Mikrokosmos, der seinerseits den Untergebenen die gestaltende Gegenwart des „Lebenden Bildes“ des Schöpfergottes vor Augen stellt. Die Beziehung des Tempels mit seiner Ausstattung zum Weltengebäude mitsamt dessen Ordnungsstrukturen ist nicht nur mit den Kriterien einer bloßen Analogie zu fassen, sondern vollzieht sich in einem wechselseitigen Austausch. Die Natur wird im Stein zur Dauer geformt; das Denkmal prägt und stützt die Stabilität der kosmischen Vollzüge. Insbesondere tragen Texte, Szenen und Liturgie dazu bei, der aktiven Mitwirkung des Königs am Prozeß der Welterhaltung sinnfälligen Ausdruck zu geben.

Vom Totentempel Ramses' III. in Medinet Habu heißt es etwa: „Wenn Re aufgeht, so ist sein Glanz in seinem Inneren und seine Strahlen umfangen seinen Bau“ oder „Re geht auf und leuchtet in seinem Inneren; seine Strahlen umfangen das Allerheiligste“. Das königliche Bauwerk wird mit der *Achet* verglichen, d. h. dem Ort des Aufgangs oder Untergangs der Sonne im Gebirge des Osten bzw. Westens: „Dein Tempel ist wie die Achet des Himmels, und die Sonnenscheibe ist in ihm.“ Auch im Totentempel Amenophis III. heißt es:

> Komm doch Amun-Re ...
> betrachte dir dein Haus,
> das ich dir auf der Westseite von Theben errichtet
> habe ...
> Du überquerst den Himmel, um in ihm zu ruhen.
> Wenn du in der Achet des Himmels aufgehst,
> so erstrahlt es als Gold in deinem Antlitz,
> denn deine Vorderseite ist nach Osten gerichtet,
> wo du erscheinst.
> Es ist deine Achet für dein Zur-Ruhe-Gehen im Leben.
> Und wenn du jeden Tag am Morgen erstrahlst,
> so ist deine Vollkommenheit in ihm unaufhörlich.
>
> *(nach Brunner 1970: 32)*

Der Tempel als ein „Ruheplatz für den Herrn der Götter, seiner Achet, die im Himmel ist" (so im Tempel Amenophis' III. in Luxor), kann in seinen baulichen Bestandteilen Phasen des Sonnenlaufs symbolisieren. So sind die Pylontürme am Eingangsbereich als Widerspiegelung der *Achet*, des östlichen Horizonts, wo die Sonne aufgeht, zu betrachten, so daß der König im „Erscheinungsfenster" seine Einheit mit dem Sonnengott demonstrieren kann. Die Obelisken vor und im Tempelbereich manifestieren die Nähe der umfangenden göttlichen Strahlung. Die sogenannten Sonnenheiligtümer, schon im Alten Reich extensiv genutzte solare Kultbereiche, führen den von Re geschaffenen Kosmos der Natur vor Augen, wie nicht zuletzt die Illustrationen der Weltkammer des Niuserre zeigen (Edel/Wenig 1974). Noch die spätesten Tempel der griechisch-römischen Zeit dokumentieren den kosmischen Bezug, wenn etwa der Hof des Tempels von Edfu als „der vollendete Palast der Nut" gelten kann, die Wasserspeierinschriften Wind und Wetter als Wirken des Seth ansehen, die Flaggenmasten an den Pylontürmen „dieses Gewölk des Himmels durchstechen" oder die Nilkammer Schauplatz zur rituellen Aufnahme des Überschwemmungswassers und des Sekrets des Osiris durch den König wird (Kurth 1994: 34f). Schließlich kann im Pronaos des Tempels von Esna mit seinen Decken- und Architravinschriften der „Himmel über Esna" aufleuchten, woran sogar das Modell einer „Religiösen Astronomie" entwickelt werden darf (von Liefen 2000).

Das Tempelinnere kann mit seinem stufenweise ansteigenden Weg mit allmählicher Konzentration des Bauvolumens zum Allerheiligsten (Naos) mit dem Kultbild hin eben den prozessualen Weg der Sonne von ihrem Ursprung in der Verborgenheit und wieder zurück zum Ausdruck bringen, so daß von daher auch die kultische Prozession diesen Sonnenweg abzubilden vermag und zugleich in ihrer Verbindung mit der königlichen Präsenz dramatisch aktualisiert. Der Naos selbst, trotz künstlicher Beleuchtung noch heute vor allem in Edfu und Dendarah noch eindrucksvoll in seiner kubusartigen ‚Ur-Räumlichkeit‘ im Dunkel des Mysteriums erfahrbar, ist der geheimnisvolle Ort des göttlichen Zuhause, allerdings ohne mit der Auffassung vom originären und eigentlichen Wohnort Gottes im Himmel in eine unverträgliche Konkurrenz zu geraten.

Der Sonnenlauf kann also sowohl in der architektonischen Gestaltung wie im Dekorationsprogramm der Tempel eine unmittelbare Gewichtung finden. So haben gerade die Forschungen Hellmut Brunners am Tempel in Luxor zeigen können, daß die Sonnenbahn in dem wohl als „Speisetischsaal für das Kultbild des Amun“ dienenden Pfeilersaal (Raum XVII) im Bereich hinter dem Alexandersanktuar nicht nur als szenische Darstellung in Reliefs an den Wänden vor Augen tritt, sondern auch eine bauliche Entsprechung hat, insofern der mit zwei Fenstern im Osten und im Westen versehene Raum quer zur Tempelachse in Ost-West-Richtung verläuft: „Durch das Ostfenster tritt also der Sonnengott in den Saal ein, durchzieht ihn in seiner Längsachse und verläßt ihn am Abend durch das Westfenster, um zur Ruhe zu gehen bzw. die Fahrt unter der Erde von Westen nach Osten fortzusetzen und zu vollenden“ (Brunner 1970: 30). Die Sonne sollte demnach den Tempel durchwandern und offenbar gerade auch zur Mittagszeit das Zentrum durchqueren. Der in der Mitte befindliche Tisch des Amun wäre dann als der Ort zu qualifizieren, wo der Sonnengott die Gaben des Königs im vollen Umfang rezipiert, um seinerseits dem ‚Tempelherrn‘ seine ganze Vollmacht zu übertragen.

Die begleitenden Texte an den Wänden des Raums, vor allem über dem östlichen Eingang zum Pfeilersaal, haben das besondere Interesse der Forschung auf sich gezogen, weil hier nach Assmann (1970) das besterhaltene Exemplar eines „kosmographischen Begleittextes“ in einem Tempel vorliegt, der das Bauwerk noch weitaus enger an die Konzeption vom kosmischen Sonnenlauf anschließt, als dies ohnehin schon beobachtet werden kann. Da der in mehreren Fassungen tradierte Text aus dem Mittleren Reich, der in

Luxor in einer irritierenden Retrospektive geschrieben, aber rekonstruierbar ist, inhaltlich den theologischen Sachverhalt am deutlichsten offenbart, sei er auch hier im Anschluß an die Wiedergabe Assmanns zitiert. Nach einem einleitenden Hinweis auf das Gebet des Königs und einer Rückschau auf den Beginn der Überfahrt in der Morgenbarke legt der Text auf das königliche „Kennen" der Vorgänge großen Wert:

> König NN kennt diese geheime Rede da,
> die die östlichen Seelen sprechen,
> indem sie Jubelmusik machen für Re,
> wenn er aufgeht, wenn er erscheint im Lichtland;
> indem sie ihm die Riegel öffnen
> an den Türen des östlichen Lichtlands,
> wenn er dahinfährt auf den Wegen des Himmels.
> Er kennt ihr Aussehen und ihre Verkörperungen,
> ihre Heimat im Gottesland.
> Er kennt den Ort, an dem sie stehen,
> wenn Re den Weganfang beschreitet.
> Er kennt jene (?) Rede,
> die die beiden Mannschaften sprechen,
> wenn sie die Barke des Horizontischen (Re) ziehen.
> Er kennt das Geborenwerden des Re
> und seine Verwandlung in der Flut.
> Er kennt jenes geheime Tor,
> durch das der Große Gott herauskommt,
> er kennt den (die), der (die) in der Morgenbarke ist
> (sind),
> das große Bild, das in der Abendbarke ist,
> er kennt deine Zugseile (?) im Lichtland
> und deine Steuergeräte in der Nut.
>
> *(nach Assmann 1970: 21)*

Die achtmal akzentuierte ‚Kenntnis' des Königs bezieht sich auf die geheimsten Dinge des Sonnenlaufs und bedeutet so eine Vertrautheit mit dem Mysterium. Das Wissen des Königs gründet in dem Vorwissen des Sonnengottes, der die Umstände seines Werdens begreift. Die ihm gewährte Sensibilität kann als besonderes Wahrzeichen der kosmischen Mystik gelten, die der weitere Textverlauf in grundsätzliche theologische Prädikationen über die Position des Königs kleidet:

> Re hat den König NN eingesetzt
> auf der Erde der Lebenden
> für immer und ewig;
> beim Rechtsprechen den Menschen,
> beim Zufriedenstellen der Götter,
> beim Entstehenlassen der Wahrheit,
> beim Vernichten der Sünde.
> er gibt den Göttern Opferspeisen,
> Totenopfer den Verklärten.
> Der Name des Königs NN
> ist im Himmel wie Re, er lebt in Herzensweite
> wie Re Harachte.
> Die Menschen jubeln, wenn sie ihn sehen,
> das Volk bereitet ihm Ovationen
> in seiner Rolle des „Kindes". *(nach Assmann 1970: 22)*

Das im Text gegebene Arsenal des Geheimwissens konzentriert sich nicht zuletzt auf die Bezeichnung des von Assmann mit Recht als „geheimnisvoll" und „mystisch" charakterisierten Himmelstors, durch das der Sonnengott aus- oder einzieht. Dieses Himmelstor ist letztlich ein einziges, was vielleicht auf den anderen Raumcharakter der Unterwelt deutet, der nicht wie der den Himmelsrichtungen Ost und West zugeordnete Längsraum der Sonnenbahn gleichermaßen als Achse gesehen werden kann.

Vielleicht steht auch die merkwürdige Retrospektive der Textfassung im Luxortempel im Dienst dieser Modifikation auf der Seite der Lebenden, die den Sonnenlauf eher von der liturgischen Doxologie des lebenden Gottesbildes in der Prozession statt von der Verborgenheit der Ursprünge her betrachten und würdigen möchte. Das ‚Arkanwissen' des Königs mag denn auch nicht so sehr von einer inhaltlich bestimmten Lehre nach Art eines Lehrbuchs geprägt sein, sondern von dem ihm eingestifteten Bewußtsein seines Erwähltseins von Anfang an.

Jan Assmann hat dennoch den „kosmographisch eingeweihten Sprecher“ gefordert, der sich das nötige Wissen angeeignet haben sollte. So scheint für ihn die „liturgische Kosmographie“ eine vermittelbare ‚Wissenschaft‘ in einer Schule zu sein, die sich einer „Gattung spezifisch solarer kosmographischer Einweihungsliteratur“ bedienen kann, um folgenden Inhalt zu entfalten: „Sie schildert die Fahrt des Sonnengottes über den Himmel als eine Prozession mit 12 Stationen und gibt so dem Sonnenpriester Anlaß, mit seinen Hymnen zu jeder dieser Stationen in den Ablauf des kosmischen Geschehens einzugreifen. Durch diese Darstellung der kosmischen Vorgänge werden die auf Erden gesungenen Hymnen himmlischen Sprechsituationen eingefügt. Es sind die Sprechsituationen des Erscheinens, des Anhaltens bei der Prozession, des Jubels beim Gericht des Feindes, des Festlieds, der ‚Wendung nach innen‘ beim Sonnenuntergang usw., auf die hin die Kosmographie den Ablauf der kosmischen Vorgänge darstellt, eine Darstellung also in spezifisch liturgischer Hinsicht, die ähnliche Formen verwendet wie die ‚Festrolle‘ des ‚Ritualleiters‘ bei irdischen Prozessionen und Götterfesten“ (1970: 56).

Unbeschadet einer solch detaillierten Orientierung am praktisch-liturgischen Vollzug und einer vielleicht vorhandenen liturgischen Agende wird man doch nach der vorausgesetzten Grundverfassung zu einer derart geprägten Selbstdarstellung des Königs im Kult fragen dürfen. Diese kann wohl nur in der bereits unreflektiert gegebenen Qualifikation des Königs von seiner prädestinierten Rolle im Kultgeschehen als Stellvertreter des Sonnengottes her getragen sein: Der König tritt seine Funktion bereits als ein mit seinem Gott zutiefst verbundener Glaubender an und übt sie als solcher aus. Die eigentliche ‚Einweihung‘ geschieht daher nicht erst im Zuge einer Art liturgischer Ausbildung oder ritueller Einübung, sondern bereits in der einvernehmlichen Intimbeziehung zum verborgenen Sonnengott und dessen Mysterium, wie ja auch die Feier der Mysterien nicht den Konnex mit der Gottheit erzeugt, sondern ‚nur‘ vergegenwärtigt.

Für diese den König als originär mit dem göttlichen Wissen ausgestatteten ‚Vorsprung' spricht vielleicht gerade der zum Schluß des ‚kosmographischen' Beispieltextes gewählte Titel „Kind", da sich der König im Bewußtsein seiner Prädestination dem Sonnenkind anverwandt fühlen kann, das bereits im Vollbesitz der göttlichen Geheimnisse ist.

6. Offenbarer

Hier mag der Ort sein, die besondere Modalität des Sprechens einer Gottheit zum König zu reflektieren, die in ihrer formalen Gestaltung in den Texten und Szenenbeischriften immer wieder die Verbindung mit einer ‚Offenbarungsrede' nahegelegt hat. Um den in der jüdisch-christlichen Tradition etablierten Begriff von „Offenbarung" auf die Charakterisierung von Gott-König-Reden anzuwenden, ist nach wie vor Zurückhaltung angezeigt. Nach Assmann handelt es sich besonders bei den sogenannten Aretalogien (in 1. oder 2. Person gehaltene Texte der göttlichen Selbstbekundung oder Machtprädikation) um „Offenbarung": „In der Ich-Prädikation spricht die sich offenbarende Gottheit, in der Du-Prädikation beantwortet der Mensch eine Offenbarung Gottes" (Assmann 1975: 429). Vielleicht ist „Offenbarung" hier eine zu ‚steile' Vokabel für eine formalisierte Erklärung, die nicht ohne weiteres auf eine Ebene mit einer Vision, einer Audition oder einem sonstigen Widerfahrnis des Menschen zu stellen ist, der sich göttlichem Anspruch gegenüber weiß. Auch ist nicht jede Kundgabe einer Gottheit mit Aufschlußcharakter schon eine Offenbarung im engeren Sinn. Mit Recht hat Irene Shirun-Grumach die „lehrhafte Vermittlung eines spezifischen Wissenskomplexes" der visionären Enthüllung als „höchste Stufe der Legitimierung von Wissen" nachgeordnet (1993: XX).

Als Vorstufe eines Vorgangs, den man mit Vorbehalt als ‚Offenbarung' ansprechen kann, ist mit Shirun-Grumach das „Aufdecken" oder „Öffnen des Gesichtes" zu sehen, das dem König angesichts der Götter gewährt wird, das er selbst an sich erfährt und und seinerseits gegenüber seinen Baumeistern und Künstlern vollziehen kann. Auch hier handelt es sich primär um eine „Grenzdurchbrechung", die dem König dank seines Einsseins mit dem Sonnengott zufällt. In diesem Sinn, d. h. einer fundamentalen Ermächtigung des Königs zum Entbergen des Verborgenen darf vielleicht für Ägypten doch weiter von einer *Offenbarung des Königs* (Görg 1975) gesprochen werden, in der sich die Vollmacht zur berufenen Vermittlung der göttlichen Selbstkundgabe spiegelt. Von der Rede der Gottheit ist nur durch den Mund des Königs bzw. die ‚Handschrift' der von ihm beauftragten Künstler die Rede. Des Königs Selbstverständnis wird darin offenkundig, wenn er seine Gottheit reden läßt.

7. Magier

Die Verbreitung des Amulettwesens im alten Ägypten ist trotz des auf den privaten Sektor bezogenen Spektrums in keinster Weise von den kosmischen Implikationen der Religiosität zu trennen. Mit dem Hinweis auf die Nutzung der Miniaturkunst in Gestalt der unzähligen Skarabäen ist bereits die apotropäische, d. h. schützende und Übel abwehrende Funktion der Stücke angesprochen worden. Das Feld der Magie, das grundsätzlich ohne voreilig-negative Qualifikation betreten werden sollte, bietet im höfischen und außerhöfischen Leben Ägyptens eine Pflanzstätte der religiösen Praxis in der Bewältigung des Alltags, darüber hinaus in der Vergewisserung des eigenen oder fremden Substanzerhalts in einem Leben nach dem Tod, aber bereits schon im Leben vor dem Tod.

Die kosmische Dimension der Magie kann am klarsten an der Betrachtung der sogenannten Metternichstele (Vorderseite: Abb. 20) aus der Mitte des 4. Jahrhunderts v. Chr., d. h. zum Ende der Pharaonenzeit, erläutert werden.

Die Stele läßt sich geradezu als ein Summarium der magischen Beschwörung in Texten und Bildern deuten, wobei die solare Beziehung der Stele über die übliche obere Abrun-

Abb. 20

dung zur Assoziation des Sonnenlaufs hinaus mit dem in der Sonnenscheibe sitzenden Gott mit vier Widderköpfen, Re-Harachte genannt, verdeutlicht wird. Der Sonnengott, beim Herrschaftsantritt gezeigt als vierfacher Erzeuger, d. h. alle Himmelsrichtungen und alle Weltelemente (Wasser, Erde, Luft, Licht) kontrollierender Schöpfergott, ist die eigentliche Appellationsinstanz jeder Magie. In seiner Begleitung erscheinen die „ersten Acht" als pavianartige Verkörperungen der Vor-Welt, die sich hier in Verehrung des aufsteigenden Gottes zusammenfinden. Der König, hier Nektanebos II., präsentiert sich rechts im Bild kniend im Adorationsgestus, der hier die Grundhaltung des Königs als des professionellen Magiers d. h. weisen Kenners der göttlichen Geheimnisse offenlegt und ihn damit dem auf der linken Bildseite stehenden Thot nahezu ebenbürtig erscheinen läßt.

Das zweite Register zeigt einen über zwei Krokodilen stehenden Gott, der offenbar eine synkretistische Verbindung zwischen dem Allgott unter dem besonderen Namen Haroeris, d. h. „Horus (dem Älteren)“ und dem Isissohn „Horus (dem Jüngeren)“ darstellt, wiederum eine „Manifestation des Sonnengottes Re“, „in der durch die beiden Aspekte sowohl der kämpferische Charakter des Gottes als auch die Herrschaftsverheißung ausgedrückt werden sollen“ (Sternberg-El Hotabi 1987: 40f). Die Götterfiguren vermitteln anscheinend insgesamt ein „kosmologisches Modell“ mit der „Idee des Sonnenlaufes“, nämlich die „zyklische Erneuerung bzw. Verjüngung des Sonnengottes Re und seine periodische Vereinigung mit Osiris in der Nachtphase“ (Sternberg-El Hotabi 52f).

Im Zentrum der Vorderseite befindet sich das Horuskind, das auf Krokodilen steht, Schlangen, Löwen und Skorpione in beiden Händen, die ihrerseits auf Ringelschlangen stehenden Götter Isis als schützende Mutter und Thot als Kenner der geheimen Magie zur Seite. Vom mit aller Macht ausgestatteten Kindgott erwartet man umfassende Regeneration.

Auch die Rückseite der Stele ist kosmisch orientiert, indem ein als Allherr erkenntlicher Hochgott, wohl wiederum der Sonnengott, mit dem Kopf des Zaubergottes Bes ausgestattet ist und zu seinen Seiten jeweils ein Udjat-Auge, d. h. das rechte und das linke Sonnenauge, aufweist, das wohl als das meistgeschätzte Symbol der schützenden Nähe des sehenden Gottes zu fassen ist.

Zur Gattung der bis weit in den Mittelmeerraum verbreiteten Horusstelen gehörig, versinnbildet die Metternichstele die apotropäische Funktion von Überabwehr und Schutz in Anknüpfung an den Mythos von der Überlebenskraft des jugendlichen Gottessohnes, in dem sich der König wiederfindet.

In der Magie offenbart sich der Mensch, in Ägypten gerade der Pharao als exemplarischer Mensch, mit seiner geheimen Sehnsucht nach Wissen um das Verborgene, d. h. nach seinem eigentlichen Ursprung, der in dem Mysterium der Sonnengeburt verankert ist. Obwohl zum Geheimwissen auch Informationen über die Wege zur Heilung gehören, ist es doch wohl näherliegend, bei den Horusstelen und dem eindrucksvollsten Muster dieser Gattung an ein anschauliches Mahnmal zur Erinnerung und Orientierung an dem vom aufsteigenden Sonnengott und dessen Assistenz garantierten Heilsweg zu denken. Die Metternichstele ist überdies ein Kompendium eines weitverzweigten, hoch differenzierten und doch unmittelbar eingängigen Bekenntnisses zur Überwindung einer tiefsitzenden Lebensangst, die mit dem Blick auf den Kosmos der Dinge bewältigt wird. Auch der dargestellte Status der Figurenkonstellation auf der Stele ist der der „behobenen Krise“: besonders das Horuskind (Harpokrates) versinnbildet die unglaubliche Gottesmacht, die auch für den Ägypter die greifbare Erfahrungswelt hinter sich läßt.

Dritter Teil

Der Abend der Zeit

Mit dem augenscheinlichen Abstieg der Sonne am Westhimmel gerät die lebensbedingende Orientierung am Sonnengott regelmäßig und unvermeidlich in ihre kritischste Phase, da sich nunmehr der tägliche Sonnenlauf vollendet und zugleich der Dunkelheit der Nacht überläßt. In der kosmischen Sympathie stellt sich jeweils aufs Neue die bange Frage nach dem Danach ein, wiederum in enger Abstimmung mit der Lebenserfahrung überhaupt, die sich dem ständigen Abwärts zum Tod hin ausgesetzt sieht. Das „Sein zum Tode" ist allem Anschein nach die Provokation des Menschen schlechthin, da hier alle Euphorie verfällt. Der Abend des Tages stellt sich so geradezu als letzte Anstiftung zum Aufbäumen gegen das Schicksal dar; die symbolische Ineinssetzung mit der kosmischen Deszendenz geht zwar einher mit dem Gespür für die eigene Vergänglichkeit, heftet sich aber auch an die immer wieder beobachtete Rückkehr der Sonne als Garantiezeichen der Hoffnung. Damit gibt es Widerstand gegen die Irreversibilität des Eintauchens in die Finsternis. Das, was dem Dunkel das Morgenlicht folgen läßt, sperrt sich gegen die Idee eines endgültigen Abschieds vom Leben.

I. Altern und Tod

Die Unausweichlichkeit des „Seins zum Tode" in ägyptischer Weltsicht verliert so ihren ambivalenten Charakter auch dann nicht, wenn der Tod nach einer neuerlichen These Jan Assmanns (2001: XV) als „Ursprung und Mitte der Kultur" zu gelten hat. Zu sehr hat sich auch ägyptischer Lebensweisheit das Bewußtsein eingeprägt, daß das Altern ein Leben in der Vorhalle des Todes sei. Bezeichnend ist dafür eine Passage aus einer der frühesten Lebenslehren, den Worten des Ptahhotep:

> Gebrechlichkeit ist (über mich) gekommen,
> das Greisenalter ist eingetreten,
> der Körper ist kraftlos, Hilflosigkeit ist erneut da.
> Die Kraft ist geschwunden, da das Herz matt ist.
> der Mund schweigt, er kann nicht mehr reden,
> die Augen sind schwach, die Ohren taub.
> Das Herz schläft und tränt den ganzen Tag.
> Das Herz ist auch vergeßlich
> und kann sich nicht mehr an gestern erinnern.
> Die Knochen schmerzen vor Alter.
> Die Nase ist verstopft und kann nicht mehr atmen,
> Aufstehen und Hinsetzen sind gleichermaßen
> beschwerlich.
> Gutes ist zu Schlechtem geworden,
> und jeder Geschmack ist geschwunden.
> Was das Alter den Menschen antut –
> Übel ist es in jeder Hinsicht. *(Brunner 1988: 110)*

Eine durchaus nüchterne und emotionsfreie Darstellung, die jener einschlägigen ‚Bestandsaufnahme' gegen Abschluß des biblischen Buches Kohelet (12,1–7) nicht fern steht und doch besondere Energien freizusetzen scheint, die den Blick auf die Zukunft richten lassen. Der weise Ptahhotep bemüht sich um den „Stab des Alters", der als wahrhafte Stütze dient, seinen Sohn nämlich, der das Vergangene in das Kommende hinein retten soll. Die Weisheit im Angesicht des Todes nötigt zur Weitergabe dessen, was als lebensnotwendig erscheint, des Wissens um die richtige Lebensordnung: „Festige die Maat, dann werden deine Kinder leben". Die Fürsorge für das wirklich bleibende Ethos macht die Rolle des altgewordenen Vaters aus, eine Bestimmung freilich, die nicht ohne Beziehung auf das übergeordnete Sinngefüge der Maat verstanden werden kann. Diese geht „durch das Medium der Sprache vom aufbewahrenden Geist des Vaters durch Mund und Ohr in den aufnehmenden Geist des Sohnes über" (Assmann 1976: 28). Selbst auf

Festigung durch ‚Lehre' verwiesen, garantiert sie ihrerseits den Fortbestand ihrer Jünger, womit anscheinend wiederum die Grenze zum Mythos überschritten wird. Eine Instanz, die das Zusammenspiel der Generationen und damit Zukunft ermöglicht, verfügt über die Kompetenz, die durch Abbruch des einen Lebens drohende Zäsur mit der Übertragung von Lebenswissen auf die Nachkommen zu überbrücken und so dem Tod ein Schnippchen zu schlagen. Die Maat ist die eigentliche Siegerin über den Tod, so daß sie um des Lebens willen gelehrt und beachtet werden muß.

1. Himmelskuh

Das Altwerden als reale Erfahrung geht nach ägyptischer Weltsicht auch am Sonnengott nicht vorbei, es findet hier sogar seine kosmische Bestätigung. Darüber hinaus aber gründet die Verbindung des Alterns mit der Sinnfrage wie jede Zeit und Raum übergreifende Perspektive, wie sie am ehesten der Weise formuliert, in dem Urphänomen des Abstiegs der Sonnenbahn, die letztlich nicht ins totale Abseits, sondern in ein geheimes Forum der Regeneration übergeht. Der sogenannte Mythos von der Himmelskuh bietet hier eine drastische Demonstration, da er gleich zu Beginn eine äußere und innere Anfälligkeit des alternden Re beschreibt:

> Nun geschah es, daß Re erstrahlte –
> der Gott, der von selbst entstand,
> nachdem er das Königtum bekleidet hatte,
> als Menschen und Götter (noch) vereint waren.
> Da ersannen die Menschen Anschläge gegen Re,
> denn Seine Majestät war ja alt geworden
> und seine Knochen waren Silber,
> seine Glieder waren Gold,
> sein Haar war echter Lapislazuli. *(Hornung 1982: 37)*

Die Episode des Abstiegs auf der Himmelsbahn erscheint hier bereits als Vorspiel einer verkehrten Welt. Die anfängliche und in Bezug auf das Königtums exemplarische Stimmigkeit zwischen Sonnengott und Geschöpflichkeit ist dahin; im Gegenteil: der allmähliche Verlust der Vitalität des Re geht mit einer Konfrontation einher, wie sie vordem nur zwischen der agressiven Sphäre des Apophis und dem Sonnengott und seiner Allianz bestand. Die Menschen nehmen nunmehr die Position des Apophis ein bzw. werden zu dessen Handlangern. Dennoch gibt sich Re mit diesem Negativbefund nicht zufrieden, er ruft vielmehr eine Götterversammlung ein und berät sich wie später Gott mit seinem ‚Hofstaat' in der Rahmenerzählung des Jjobbuches, freilich nicht, um einen Gerechten zu erproben oder gar schlagen zu lassen, sondern um eine Abwehrstrategie gegen die eigene Bedrohung festzulegen, „damit sie (d. h. die Götter) ihren trefflichen Rat geben und ich mich wieder in das Urgewässer zurückziehe, an den Ort, an dem ich entstanden bin" (Hornung 1982: 37).

Der Sonnengott weiß somit trotz seiner Schwäche um die Wege der eigenen Regeneration, so daß sein Wunsch von vornherein effektiv ist. Dies bestätigt ihm die Götterrunde:

> Zieh dich nicht zurück in deiner Müdigkeit,
> denn du bist wirkungsvoll durch das, was du
> wünschst! *(Hornung 1982: 40)*

Der folgende Dialog mit der „Majestät des Nun", d. h. jenem Ur-Gott mit der ambivalenten Dimension der Wassertiefe, führt zu einer Beauftragung, die Nun seiner Tochter, hier der Himmelsgöttin Nut, zukommen läßt. Nut soll Re auf ihrem Rücken tragen, worauf sie sich in eine Kuh verwandelt und die „Majestät des Re" auf ihren Rücken steigt. Für den Sonnengott ist dies der Weg zur Verherrlichung:

> Und dieser Gott (Re) sprach zur Nut:
> „Ich habe mich auf deinen Rücken gesetzt, um mich zu
> erhöhen".
> „Wie ist das gemeint?" fragte sie, die Nut,
> und da hatte sie sich dadurch in die Bewohner der
> beiden Himmel verwandelt. *(Hornung 1982: 42)*

Die Himmelsgöttin verwandelt sich nicht nur in die Bewohner des Himmels, sondern in den Himmel selbst, wie es unmittelbar darauf heißt. Ihre Transfiguration bedeutet den Eintritt in eine geheimnisvolle Räumlichkeit, die sich von der irdischen Sonnenbahn fundamental unterscheidet. Herausragende Kennzeichen dieser Sphäre, deren Inneres dem Sonnengott ansichtig wird, sind nicht temporäre Abschnitte oder Stundeneinheiten, sondern die Bereiche „Opfergefilde" und „Binsengefilde", Idealbezirke des Ausgleichs und der Fülle also, die den Vorstellungen einer absoluten Stimmigkeit kosmischer Harmonie entsprechen. Von negativen Befindlichkeiten und Gefahren der Jenseitswelt ist hier keine Rede. Den Sonnengott erwartet ausschließlich eine bergende und schöpferische Beheimatung, wie sie sich ein im Diesseits Lebender nur wünschen kann.

Damit der Eintritt in die paradiesische Welt gelingt, bedarf die Himmelskuh der Unterstützung durch assistierende Gottheiten, die ihrerseits der Ursprungssituation des Morgens und der Überfahrt über den Tageshimmel verbunden sind. Insbesondere sind es die Heh-Götter, die zugleich die Wirksamkeit der Ur-Götter repräsentieren, und der Luft-Gott Schu, dessen vorzügliche Kraft im Stützen des Himmels, d. h. der Himmelskuh, besteht. Die Götter finden ihren Platz und ihre Aufgabe ausdrücklich zugeteilt.

Eine in die Darbietung des Textes von der Himmelskuh eingebettete überproportionale Darstellung der Himmelskuh mit den begleitenden Gottheiten und kommentierenden Beischriften stellt sozusagen das ikonographische Pendant zur mythischen Erzählung dar, ohne jedoch bis ins Detail hinein dem Wortlaut des ‚Kontextes' zu entsprechen. Abb. 21 zeigt eine Nachzeichnung der Szene aus der Grabdekoration Sethos I. im Tal der Könige. Besonderes Interesse darf hier die Position der vorderen Barke mit dem darin stehenden Sonnengott finden, da er als Einziger dem Inneren der Himmelskuh zugeordnet ist, während sich das Gros der Begleitgottheiten unterhalb des Tiers befindet. Eine in Höhe des Euters der Kuh dargestellte Barke enthält

Abb. 21

offenbar den in seiner Kajüte sitzenden und so verborgenen Sonnengott des Anfangs, der so im Gesamtbild dem Sonnengott des Abends verbunden ist, ohne aber im Vordergrund des Interesses zu stehen. Diese Komposition entfernt sich auch insoweit von der Textfassung, als der Sonnengott der vorderen Barke nicht wie im Text als müde Gewordener auf dem Rücken der Kuh erscheint, sondern bereits in statu possessionis als Teilhaber und Zeuge der jenseitigen Herrlichkeit. So wird auch hier im Bild eine Konzeption geboten, wie sie der Idee der ‚behobenen Krise' entspricht. Nur so kann das Gesamtwerk von Text und Bild seine Wirkung auch für den virtuellen Betrachter entfalten, der an dieser überzeitlichen Beseligung Anteil zu haben wünscht. Auch hier haben wir es mit einer mystischen Schau zu tun, die ihr Urbild in der Vision des höchsten Gottes selbst hat, um selbst wirkkräftig sein zu können.

Die Kuh als symbolträchtiges Lebewesen steht dem Ägypter bereits in den Frühstadien der Vorstellung vom Sonnenlauf vor Augen. Mit der Bezeichnung „Große Schwimmerin" o. ä. (ägypt. *Mehetweret)* ist anscheinend auch ihre Beziehung zum Urgewässer angedeutet, aus dem sie hervortritt, um schließlich wieder dorthin einzugehen, worauf wohl auch die blaubemalte Basis der Kuh-Darstellung im Grab des Sethos verweist (vgl. Hornung 1982: 96). Hornung macht auch auf eine Formulierung unter Ramses II. aufmerksam, wonach der König zum Kind werden will „wie Re auf der Mehetweret-Kuh", um daran die Feststellung zu knüpfen, daß hier „die Aussage unseres Mythos, wonach der altgewordene Sonnengott am Ende seiner Herrschaft von der Himmelskuh in die luftige Höhe entrückt wird, zu der Vorstellung aktualisiert" sei, „daß die kosmische Kuh bei jedem Sonnenaufgang den verjüngten, wieder zum Kind gewordenen Gott und entsprechend auch den Verstorbenen auf ihren Hörnern zum Himmel emporhebt" (Hornung 1982: 100). Vielleicht darf man noch ein wenig weiter greifen und die Schau des Himmelsinnern durch den Sonnengott *auf* und letztendlich *in* der Himmelskuh zur gewünschten *visio beatifica* des Königs erklärt sehen.

Die Konstellation der Himmelskuh mit den Gestaltformen des Sonnenlaufs ist denn auch gerade im späteren Neuen Reich gut bezeugt, nicht zuletzt auf Särgen und Papyri des Jenseitsglaubens. Dies geschieht vor allem in enger Verknüpfung mit dem Vorgang der allmorgendlichen Erhebung der Sonne, da nur die Zusammenschau von Untergang und Aufgang die Dinge im Lot sein läßt. So kann sogar eine synthetische Sicht beide Phasen an ein und dasselbe Gebirge binden (Abb. 22). Das Eingehen der Himmelskuh in das bildlich (wohl um seines geheimnisvollen Charakters willen) nur angedeutete Gebirge ist in diesem Fall durch den Kopf der Kuh auf der rechten Seite angezeigt, während der östliche Sonnenaufgang durch die Gottheit symbolisiert wird, die die Sonnenscheibe aus der anderen Seite des Gebirges hervorhebt (vgl. Rambova 1957: 39).

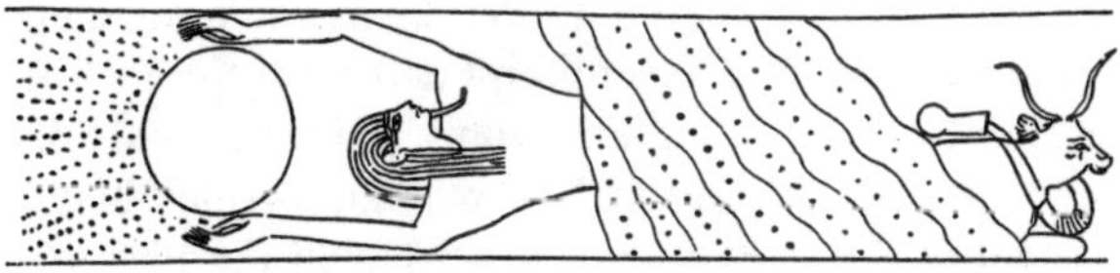

Abb. 22

Wie hier der Eintritt in die Nachtsphäre schon den zyklischen Austritt der Sonne im Visier hat, wird auch eine ähnliche Szenerie mit der Himmelskuh und dem schakalgestaltigen Anubis neben dem Gebirge, aus dem eine Gottheit die Arme mit der Sonnenscheibe emporhebt (Abb. 23) auf eine synthetische Betrachtungsweise angelegt sein, da sich in ein und derselben Sphäre sowohl das abendliche Empfangen wie das morgendliche Entlassen des Sonnengottes vollzieht.

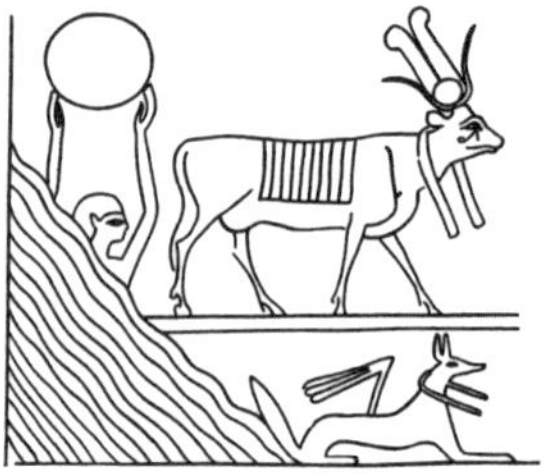

Abb. 23

2. Atum

Das ‚Kuh-Buch' nennt den Sonnengott in der vorderen Barke der Illustration (vgl. Abb. 21) in einer Beischrift mit dem Namen Atum. Eine einschlägige Szene im überreich dekorierten Grab des Sennedjem aus der Ramessidenzeit zeigt die Gottheit Atum auf einem Kalb hockend, gewiß eine Anspielung auf die gleiche Vorstellung, die die Kuh als „Nachtresidenz des Sonnengottes" und den Gott Atum als „Abend- und Nachtsonne" versteht (Mysliwiec 1978: 38), aber nicht im exklusiven Sinne, d. h. ohne Bezugnahme auf die Morgensonne auskommt (vgl. Mysliwiec 1979: 221, der hier jedoch nur noch eine Identifikation mit der Morgensonne erkennen will). Die Totenliteratur des Mittleren Reiches (Sargtexte) kann ebenfalls vom „Himmelsrind des Atum" sprechen. In all diesen Fällen aber, wo der Name des Sonnengottes Atum eingebracht wird, geht die Perspektive des neugeborenen Sonnengottes keineswegs verloren.

Wir haben es vielmehr mit einer transparenten Namengebung zu tun, die die Pole des Morgens und Abends der Zeit umgreift.

Atum ist so der zu sich gekommene Sonnengott am Abend des Tages und der Zeit, ohne daß seine uranfängliche Präsenz aus dem Blick gerät. Seine Namengebung drückt ein Doppeltes aus: die nahezu absolute Vollständigkeit und Vollkommenheit sowie die Schwelle zur Negation um der totalen Erneuerung willen. In der Komplettierung der göttlichen Manifestationen des Aufgangs (Chepri) und des Mittags (Re) zum ausleuchtenden Abendgestirn ruft Atum die schöpferische Autorität in Erinnerung, die dem Sonnengott trotz scheinbarer Schwächung zum Abend hin zukommt und die allem Anschein zum Trotz in noch hellerem Licht erstrahlt, weil sie bereits von der kommenden Erneuerung umfangen ist. Dem Tod des Sonnengottes ist so von dessen Auferstehung her jeder Schatten genommen, weil er nicht in der Finsternis verbleiben kann, ja selbst souverän deren Vorläufigkeit erfaßt und in eine Phase der Gewinnung neuen Lebens transformiert. Hier werden wir jede Vorstellung von der Auferstehung vom Tode letztlich fundiert sehen müssen, wo sie auch immer in den Folgereligionen in dieser oder jener Variante wiederkehrt.

Wenn also der untergehende Sonnengott als „Atum der beiden Horizonte“ bezeichnet werden kann, fließen in ihm Prädikationen wie „Jüngling“ und „Greis“ zusammen. Gern wird auch von den beiden „Türflügeln“ gesprochen, durch die sich Atum zum östlichen Horizont begibt, womit wahrscheinlich die Vagina der Himmelsgöttin Nut gemeint ist, „wo die Sonne morgens wiedergeboren wird, nachdem sie abends im Mund der Göttin verschwunden war und ihren Körper nachts durchreist hatte“ (Mysliwiec 1979: 150).

Der kommende Antritt der Herrschaft Atums über ein imaginäres Gebiet muß naturgemäß eine gewisse Rivalität mit der Kompetenz des professionellen Totengottes Osiris heraufbeschwören. Es ist deswegen von Interesse, wie der Ägypter die Position und Funktion Atums mit Prädikationen definiert. Hier werden vorzugsweise von Beginn des Neuen Reiches an Präzisierungen greifbar.

So kann Atum belegt werden mit Prädikationen wie: „Der sich in der Dämmerung bzw. in der Nacht befindet“, „Der im Manu (d. h. einer der Bezeichnungen für die Unterwelt) untergeht“; „Der sich im Land des Lebens niederläßt“, „Der im Westen Erscheinende“, „Der die Unterwelt mit seinen Augen erhellt“. Aus diesen Kennzeichnungen mit ihren Varianten geht zweifelsfrei hervor, daß Atum als Garant für die Überwindung aller Negativvorstellungen gilt, die mit der Todeswirklichkeit assoziiert werden. Er ist geradezu der Gegenpol des „Todesgottes“ (Assmann) Osiris.

Natürlich ist zu fragen, ob denn bei der prominenten Verbindung Atums mit der Himmelskuh noch Platz für die Vorstellung bleibt, daß Atum in einer Barke unterwegs ist. Auch geben einschlägige Prädikationen eine Auskunft, die wiederum auf die umgreifende Transformationsgewalt des Sonnengottes Bezug nimmt bzw. „den wechselnden Charakter der Sonnenphasengötter in einem fließenden ‚perpetuum mobile‘ der Sonnenscheibe“ (Mysliwiec 1975: 150, vgl. schon Derchain 1975/76: 153–161). Atum kann so als der gelten, „der in den Westen auf der Morgenbarke hineingeht“, „der sich in der Nachtbarke befindet“, „der am Himmel in dem Schiff reist“, als „Gestalt in ihrem Doppelschiff (?)“, der „bis zu den beiden Quellen des Nil“ reicht, „um in seinem Schiff zu sein“. Gerade die mythologische Dimension der letztgenannten Diktion weist auf die elementare Nähe zu den Anfängen der Schöpfung hin. Atum kann eben nicht gedacht oder konturiert werden ohne Einbeziehung seiner phasenübergreifenden Kompetenz.

Daß die Ikonographie keine Hemmungen hat, der Barke des Atum trotz konkurrierender Vorstellungen vom „Transport“ des Sonnengottes einen bevorzugten Platz zu geben, zeigt schon die Illustration im „Kuh-Buch“. Darüber hinaus scheint es auch für den Aufenthalt des Gottes in der Unterwelt kein Problem zu sein, die Präsenz im Leib der Himmelsgöttin oder der Himmelskuh mit dem Fahren auf einer

Barke übereins zu bringen. Illustrationen belegen die Fahrt Atums in Gestalt eines Löwen mit Falken- oder Schlangenkopf, sehr häufig auch mit Menschenkörper und Widderkopf, um so gerade die Abend- und Nachtsonne zu versinnbilden (Abb. 24):

Abb. 24

In der Barke begegnet Atum als widderköpfiger Gott allein oder in Begleitung durch andere Gottheiten. Seinen Schutz übernimmt regelmäßig die Riesenschlange Mehen, die sich in einigen Darstellungen des Grabes Ramses IV. um die Kajüte windet, in der wie in Abb. 25 Atum mit Widderkopf und Sonnenscheibe sowie weiteren Machtinsignien stehen kann, um vom König eine Figur der Göttin Maat zu empfangen:

Abb. 25

Ein Hymnus aus dem Ritual für Amenophis I., der zur Abendzeit zu rezitieren sein soll, vermag die Präsentation des Gottes der mannigfachen Gestalt vorerst zusammenzufassen:

Amun vereint sich mit dem Lichtland des Himmels,
er ist erschienen auf der westlichen Seite
(als) Atum im Abendrot;
gekommen in seiner Macht, ohne einen Widersacher,
er hat als Re die Herrschaft ergriffen über den Himmel,
er hat die Erde erleuchtet in der Lust seines Herzens,
er hat Wolken und Regensturm vertrieben.

Hinabgestiegen in den Leib
(zu) seiner Mutter Naunet ...
die Bewohner der Unterwelt sind in Frohlocken,
(wenn) sie ihren Herrn sehen, weit ausschreitend,
Amun-Re, den Herrn der Menschheit.

Der schöne Jüngling ist zur Ruhe gegangen seiner Kapelle,
die Erde wird hell an seinem Lichtland von gestern.
Dein Sohn Horus ist auf deinem Thron auf Erden ...

(nach Assmann 1999: 263)

Eindringlicher noch, weil auf den Übergang dessen bezogen, der an der Manifestation Atums teilzuhaben wünscht, spricht ein Text aus den ältesten Totensprüchen in den Pyramiden dem Verstorbenen (Spruch 213) die Ineinssetzung mit Atum zu:

Deine Arme sind Atum,
deine Schultern sind Atum,
dein Bauch ist Atum,
dein Rücken ist Atum,
dein Hinterteil ist Atum,
deine Beine sind Atum,
dein Gesicht ist ein Schakal. *(nach Assmann 2001: 161f)*

Die stereotype, litaneiartige Identifikation der Körperteile mit Atum ähnelt dem über Ägypten hinaus nachweisbaren literarischen Motiv der Körperzergliederung, das die Verschmelzung mit der Gottheit möglichst intensiv zum Ausdruck bringen soll. Der Prozeß des Einswerdens mit Atum läßt schließlich nur das Gesicht als das eines rettungsbedürftigen Toten erkennen, da es dem Schakal als Wächter am Eingang der Unterwelt gleicht.

3. Begräbnis

Mit dem Tod assoziiert man in der Regel den Abbruch des Lebens, das Ende jeder Bewegung, absolute Stille, endlose Ruhe. Auch das Grab hat diese semantische Bestimmung: es ist bestenfalls Ort und Hort des Gedenkens, Mahnmal der Erinnerung an den anderen oder eigenen Tod. Daß Gräber auch eine alternative Botschaft haben können, ist keineswegs selbstverständlich. Diese fremdartige Kunde bietet Ägypten in unglaublicher Vielseitigkeit, ohne jedoch vergessen zu machen, daß auch hier der Tod und das Grab auf jene Seite der Erfahrungswelt gehören, in der die Klage zuhause ist. Es ist daher keineswegs angemessen, aus der mehr oder minder prachtvollen Anlage oder Ausstattung zu schließen, die Furcht vor dem Tod hätte keinen Bestand gehabt. Angst und Sorge sind vielmehr ständige Begleiterinnen aller Begräbniszüge. Auch das aufwendigste Grab und das extensivste Totenritual dienen nicht der absoluten Kompensation, die Trauer bleibt.

Alle Bemühungen um eine sichernde Dokumentation eines Lebens nach dem Tod sind letztlich Tröstungen, die über den Augenschein hinweghelfen. In den Augen des Ägypters und derer, die den Glauben an eine Neuschöpfung teilen, ist der Tod nicht das allerletzte Datum und das Grab nicht die allerletzte Stätte. Der Tod ist vielmehr Übergang und das Grab eine Station zu neuem Anfang.

Zunächst mag der Kontrast überraschen, der zwischen der formalen Abgeschiedenheit des Friedhofes und der Gräber von der bewohnten Gegend einerseits und der vielfachen üppigen Architektur und Dekoration der Totenbauten andererseits besteht. Dennoch wird man schnell gewahr, daß die Bauten und deren Gestaltung an Architektur und Alltag der Lebenden anknüpfen, als wenn geradezu eine Fortsetzung des irdischen Daseins mit anderen Mitteln forciert würde.

So ist das Grab zunächst als ein Wohnhaus gefaßt, vielfach mit zahlreichen Kammern in mehreren Etagen oder in langer Flucht. Die Königsgräber der 18. Dynastie zeigen meist die stockwerkartige Architektur, während die Anlagen der 19. und 20. Dynastie eher dem langgestreckten, in den Felsen hineingetriebenen Modell folgen. Näherhin bieten die unterirdischen Bereiche der Felsgräber des Neuen Reiches Kammern, Nischen und Passagen, die einerseits der empirischen Konzeption oberirdischer Architektur nahestehen, andererseits im Zusammenhang mit ideellen Räumlichkeiten der Unterwelt zu sehen sind. Die unterirdische Anlage eines Grabes „realisiert bedeutend mehr als nur den bergenden Aufenthaltsort für den Körper des Verstorbenen. Sie bildet einen begehbaren, spezifischen Übergangs- oder Jenseitsbereich ab" (Seyfried 1998: 392f). Epigraphische und ikonographische Indizien stützen diese Annahme.

Die gegliederte Grabarchitektur ist somit ein greifbarer Bestandteil der Jenseitskonzeption. Sie verrät deswegen auch entscheidende Aspekte über das räumliche Verstehen des anderen Lebens, die sich mit den für Ägypten anerkannten Funktionen des Grabes vertragen. Wenn diese darin bestehen, daß neben der „sepulkralen" Funktion einer geschützten Ruhestätte die „kultische" Funktion als Vollzugsort der Totenliturgie auch seitens des Verstorbenen sowie die „kommemorative, monumentale" Funktion als „Gedächtnisstätte" zu beachten sind (vgl. Assmann 1983a: XVIf.; Seyfried 387), erfüllt sich in der Anlage selbst ein Teil jener Wünsche, die der Verstorbene auf das andere Leben richtet. Zugleich verstärkt sich aber der seltsame Kontrast zwischen Ruhe und Bewegung. Denn einerseits verläßt man sich auf ein ‚Ruhen in Frieden', andererseits möchte man ohne erfüllende Aktivitäten nicht auskommen. Dieser Ambivalenz der Erwartungen von Ruhe und Bewegung entspricht die Vision, die in der Gestalt und Dekoration der Grabanlagen in eine Welt blicken läßt, in der ein Prozeß der Erneuerung mit dem Eintauchen in die ewige Ruhe einhergeht.

Die Pyramide des Alten Reichs nebst ihren Begleitanlagen ist nach wie vor das prominenteste und eindrucksvollste Zeugnis jenes Bedürfnisses nach Sicherung und Sicherheit, das den Menschen angesichts des Todes befällt. Die Pyramide ist ein majestätisches Bollwerk gegen den Tod und eine Festung, die ein Weiterleben verbürgen will. Darüber hinaus kommt ihrer Gestalt ein Spektrum von Bezugnahmen auf die andere Welt zu, die auf Treppen erklommen werden soll, um den Aufstieg zugleich von einer Vielzahl von Sprüchen zu stützen, die dem königlichen Toten sowohl Aufschluß über das kommende Sein wie auch Garantie für sein Überleben geben.

Unübersehbar und unüberhörbar ist jedoch bei allem grandiosen Bemühen die Angst davor, die Mobilisierung sämtlicher Anstrengungen könnte am Ende doch nicht reichen; die Dimension des nahen und fernen Todes präsentiert sich als eine permanente Herausforderung, der sich eine wohlverstandene Magie über die gesamte Geschichte Ägyptens hin zu stellen hatte. Die zu treffenden Maßnahmen müssen daher im Blick auf das erstrebte Ziel beurteilt werden.

Der Himmelsaufstieg des verstorbenen Königs über eine Treppe oder Leiter, mit Hilfe der Naturmächte oder auf dem Wege über Transformationen in Pflanzen oder Tiere bedeutet eine Konformität mit jenem Vorgang, den die Sonne selbst vollzieht, wenn sie ins Jenseits getragen wird. Der König gelangt zum göttlichen Hofstaat in der Umgebung des Atum und wird selbst ein Teil dieser göttlichen Begleitung. Mit seiner ostentativen Aufnahme in die Nachbarschaft Atums auf der Jenseitsbarke (vgl. Abb. 25) ist eine unvergleichliche Nähe zum Sonnengott erreicht, die ihm zugleich absolute Sicherheit gegenüber dem auch im Jenseits aktiven Ansturm der chaotischen Mächte verleiht. Der König „wird in den Zyklus des Sonnenlaufs einbezogen und weilt als Gleicher unter Gleichen in der Götterwelt des Jenseits, wo er dann auch eine den Göttern vergleichbare Jenseitsexistenz führt“ (Altenmüller 1984: 17). Bevor es jedoch zu dieser idealen Seinsweise kommt, bedarf es eindringlicher Maßnahmen zur Sicherung, deren spektakulärste freilich die Beigabe überdimensionaler Barken seitlich der Pyramide darstellt, wie eine solche noch heute in der direkten Nachbarschaft der großen Pyramide des Cheops bewundert werden kann. Der für den Außenstehenden absolut unpassende Fremdkörper im Wüstensand ist das imaginäre Transportmittel, das den augenscheinlichen Stillstand in der Totenruhe in eine Dimension virtueller Bewegung verwandelt, die ihrerseits den besonderen Charakter des Aufenthalts in den jenseitigen Räumen qualifiziert, die von der Barke berührt werden. Im Jenseits herrscht allem Anschein nach der Primat der differenzierten Räumlichkeit vor der phasenorientierten Zeitlichkeit, während letztere im Diesseits die Dominanz trägt. Die ‚ewige Ruhe' bedeutet hier den Verbleib in den ‚vielen Wohnungen' des jenseitigen Machtbereichs, der trotz der zählbaren Nachtstunden als ein durchwandertes Haus der Ewigkeit erscheint, geradezu als ein zweiter Kosmos mit umgekehrtem Vorzeichen.

Das Maßnahmenbündel zur Sicherung des ungestörten Eintritts in diese Welt, wo Ruhe und Bewegung eine unvergleichliche Symbiose eingehen, trägt denn auch der Angst davor Rechnung, die Barke mit dem König inmitten der Götterschar könne ihre Fahrt gar nicht erst antreten. So muß dem Tod u. a. in Gestalt der Überfahrt über einen „Großen See" begegnet werden, wie es in einem Appell an den Toten in einem Sargtext heißt (vgl. Assmann 2001: 166):

> Hüte dich vor dem Großen See!
> Was den Tod angeht, sollst du ihm entgehen.
> Mögest du den Weg zu ihm vermeiden.

In vorweggreifender Gewißheit kann freilich dann auch festgehalten werden, daß die „Angriffswut des Großen Sees" den Verstorbenen „verfehlt" habe, und „sein Fährgeld für die Große Fähre" nicht „weggenommen" worden sei (vgl. Assmann 2001: 166). Die unterschwellige Befürchtung kontrastiert immer wieder mit der beschworenen Erfolgsmeldung. Diese Spannung findet darin ihre eigentliche Begründung, daß der Glaube an die schutzgewährende Autorität des Sonnengottes bemüht werden muß, jenes Gottes, der selbst der Bedrohung formal ausgesetzt ist, deren Gewicht aber kennt, die Strukturen durchschaut und dadurch beherrscht. Gott kennt und durchschaut das Chaos und grenzt es dadurch aus, eine Idee, die sich später im ersten biblischen Schöpfungstext wiederfindet. An dieser Vollmacht darf in Ägypten primär der König, im Alten Testament von vornherein jeder Mensch Anteil haben.

Das seetüchtig ausgerüstete Sonnenboot an der Pyramidenseite kann daher wohl schon als Manifestation der Überzeugung angesehen werden, daß es dem König mit seiner persönlichen Inkorporation des Sonnengottes ohne weiteres gelingt, den „Großen See" der Überfahrt als ‚Umschiffung' der Todesgefahr zu bewältigen, um so wie selbstverständlich die eigene Barke in diejenige des Sonnengottes transformieren zu lassen.

Nach Assmann (2001: 42; 166) wird mit der Vorstellung vom risikoträchtigen See „auf das Einbalsamierungsritual" angespielt, das auch als „Durchqueren des Sees" bezeichnet werde. Die für den ägyptischen Totenglauben ansonsten so charakteristischen Maßnahmen wie die Mumifizierung oder auch die sogenannte „Mundöffnung" verdienen in der Tat eine Loslösung von einem nur punktuellen Verständnis einer esoterischen Totenliturgie. Die Umwicklung des Toten mit Mumienbinden steht letztlich in der langen Tradition der sichernden Umhüllung des Leichnams seit der frühen Einbettung in ein Tierfell und versinnbildet das Bedürfnis nach dauernder Unverletzlichkeit und Unversehrtheit. Der sich über etwa 40 Tage erstreckende Ritus der körperlichen Reduktion (vor allem durch Behandlung mit dem austrocknenden Natronsalz) geht in die Phasen der Salbung, kosmetischen Behandlung, Auffüllung und Umhüllung über, so daß dic „Mumie" zu einer „Art Hieroglyphe des ganzen Menschen" wird, die „wie der Ägypter sagt, ‚mit Zauber angefüllt ist'" (Assmann 2001: 42). Dieser ‚Zauber' der irdischen Verwandlung ist zugleich das liturgische Vorspiel jener Tranformation in einen ,verklärten Leib', der für sich genommen im Jenseits vollendet werden soll. Die Mumifizierung stellt sich dazu als quasi-sakramentales Geschehen dar, das im Zusammengehen von Zeichenhandlung und deutendem Wort eine geglaubte Wirklichkeit setzt. Der sogenannte Vorlesepriester (ägypt. *ẖrj ḥb* „Träger der Schriftrolle") als eine Art liturgischer Leiter und Zeremoniar des Bestattungsvorgangs probt so auf seine Weise den Widerstand gegen den Tod, indem er einschlägige Begleittexte rezitiert und den Weg *in paradisum* realitätsstiftend beschreibt. Es versteht sich von selbst, daß ihm diese Kompetenz wiederum von der vorgängigen und allzeit gegenwärtigen Wirkkraft des abendlichen Sonnengottes zukommt. So kann denn seine Rede etwa in der Bitte gipfeln:

> O Re-Atum, dein Sohn kommt zu dir ...
> Mögt ihr beide den Himmel durchziehen,
> vereint in der Finsternis!
> Möget ihr aufgehen im Lichtland
> an dem Ort, wo es euch wohl ist! *(Assmann 2001: 164)*

In diesem Licht wird auch das besagte Mundöffnungsritual (vgl. Abb. 26) zu verstehen sein. Hier wird der sakramentale Bezug besonders deutlich, da die vom Spruch begleitete Zeichenhandlung auf die Öffnung der Sinne zielt, wohl nicht nur auf die Kapazität, Speisen aufnehmen zu können. Die Dimension des Ritus umfaßt nämlich den Vorgang einer umfassenden Neubelebung, die die Einverleibung mit der göttlichen Wirklichkeit mit allen Sinnen erfahren läßt. Wie dem Propheten Jesaja in der Vision die Glühkohle an den Mund geführt oder dem Taubstummen der Evangelien bzw. dem christlichen Täufling das Effatha „Öffne dich" zugesprochen wird, bewirkt schon nach ägyptischer Konzeption der Ritus der Mundöffnung ein ,Sein zum Leben'.

Der Tod behält nach alledem seinen Stachel, aber zu guter Letzt nicht die Oberhand. Das immer wieder beschwörend vorgebrachte „Du sollst ihm entkommend entkommen" u. ä.

Abb. 26

der Pyramidentexte läßt dem Tod als Zerstörer des Lebens keinen Stich, wenn auch die Wirklichkeit des Todes nicht geleugnet werden kann. Schon für den Ägypter hat die paulinische Frage: „Tod, wo ist dein Sieg?“ ihre Antwort und ihren Sinn gefunden.

4. Osiris

Die Rolle des Gottes Osiris, der von Assmann als „Todesgott“ schlechthin tituliert wird, bedarf eines eigenen Kommentars, zumal er in einer Konkurrenz zum Sonnengott der Unterwelt mit der Namengebung Re-Atum zu stehen scheint. Das Verhältnis der Götter zueinander illustriert am ehesten jene Teilszene aus dem Schlußbild des Pfortenbuches, die bereits früher Beachtung gefunden hat (vgl. Abb. 13). Nach Ablauf der Tageszeit wird die Sonnenscheibe von einer im Bild auf dem Kopf stehenden Gottheit empfangen, die in der Beischrift als die Himmelsgottheit Nut ausgewiesen wird. Nut wiederum steht auf dem Kopf einer weiteren

Gottheit mit zirkulär gekrümmtem Körper und offenbar verehrend bzw. empfangsbereit erhobenen Händen. In den mit dem gelängten Körper gebildeten Kreis ist u. a. der Name *Ws-jr*, d. h. Osiris, sowie die Prädikation „der die Dat, d. h. die Unterwelt, umschließt“ eingeschrieben. Die Namenbildung dieses Gottes ist noch immer nicht zweifelsfrei geklärt, soll auch wohl bewußt im Schatten der Verborgenheit des Mythos verbleiben. Dafür aber tritt die Gottheit in der Fülle der Totenliteratur und Illustrationen als der Protagonist des unterweltlichen Pantheons in Erscheinung, um sich auch in unserer Szene als der eigentliche Herr der anderen Welt vorzustellen. Die schon in den Pyramidentexten des Alten Reichs spürbare Spannung zwischen den Herrschaftsbereichen der Gottheiten Atum und Osiris löst sich, wenn man den religionsgeschichtlichen Prozeß bedenkt. In der Frühe des Alten Reichs tritt der Sonnengott in die jenseitige Himmelswelt ein, noch ohne daß ihm ein Konkurrent das Regiment streitig macht; erst mit der jüngeren Konzentration auf den unterweltlichen Bereich meldet sich mit Osiris derjenige Repräsentant des Totenreichs, der in diese Zone nicht eingezogen ist, sondern ihr entstammt und sie offenkundig auch niemals verläßt. Darin beruht der entscheidende Unterschied, daß Osiris seine genuine Kompetenz im Totenreich und nur dort erhält und bewahrt, während der mit ihm ausschließlich in der Nachtsphäre korrespondierende Sonnengott kommt und geht.

Mit dem Aufkommen des Glaubens an Osiris, der sich anscheinend zunächst im Deltagebiet als ein Vegetationsgott darstellt, um dann im Verlauf des Alten Reichs mit einer ‚Südwärtsfahrt‘ in der Kultstätte Abydos in Oberägypten mit dem dort verehrten Gott Chontamenti vereint zu werden und so einen einzigartigen Siegeszug zum prominentesten Träger des Hoheitstitels „Erster der Westlichen“ anzutreten, vollzieht sich auch eine scheinbare Umorientierung zu der anderen Welt, die nicht mehr ausschließlich in einem himmlischen Jenseits, sondern in einer unterirdischen Sphäre, der Unterwelt, lokalisiert wird. Indessen darf man hier die

Grenzlinien nicht so scharf ziehen, wie es hier und da geschieht, da sich die beiden ‚Welten' des Jenseits imaginär intensiver berühren, als es scheinen mag. Gewiß geben die Pyramidentexte in Verbindung mit Pyramidenarchitektur und Kultpraxis der Vorstellung vom himmlischen Jenseits, in das der König nach der „Idee einer vertikalen Entrückung" (Assmann 1977: 1207) aufsteigt, unmißverständlichen Ausdruck, doch ist auch dort bereits der osirianische Herrschaftsbereich im Visier, freilich nicht als ausgesprochen attraktiver Aufenthalt, sondern als eine mit Hindernissen bewehrte Räumlichkeit (vgl. Altenmüller 1984: 18). Auch in den jüngeren Texten zur Beschreibung des Jenseits tritt die himmlische Welt der Toten nicht so sehr in den Hintergrund, daß die Mythologie der ‚vertikalen' Beziehung den Aufstieg gegen den Abstieg ausgespielt hätte. Beidemal geht es um modifizierende Bilder derselben Sache, so wie in christlicher Theologie Ascensus und Descensus des Auferstandenen nicht als fundamentale Opposition gedacht werden sollen. Näherhin kommt dem Abstieg der Sonne von vorneherein der folgende Aufstieg zu, es gilt jenes zyklisch-mythische Ineinandergreifen, das sich auch beim erwählten Menschen so vollzieht, daß mal dieser, mal jener Aspekt benannt oder illustriert wird.

Die oben rezipierte Darstellung des gekrümmten Osiris vermag hier noch weiteren Aufschluß zu geben. Die Himmelswelt, verkörpert durch die den Sonnengott empfangende Himmelsgöttin Nut, ist mit Osiris innerhalb einer Sphäre verbunden, die als ‚verkehrte Welt' mit der Ur-Welt, aus der der Sonnengott emporgehoben wird, im gemeinsamen Ur-Wasser Nun verborgen ist. Der Aufstieg des Sonnengottes und des Toten mit ihm geschieht in Korrespondenz mit dem Empfang durch Osiris, die letztlich in der Konsequenz des Emporhebens der Sonne gesehen wird. Besonders deutlich wird dies in der Haltung der Göttinnen ‚unten' und ‚oben', da „Nun und Nut mit jeweils erhobenen Armen einander die Sonne zureichen" (Hornung 1981: 221). Abend und Morgen der Zeit verschränken sich hier bis zur Austauschbarkeit. Szenische Komplexe dieser Art, die sich in den zahlreichen Totenbuch-Vignetten der Ramessidenzeit in Begleitung der Sonnenhymnen fortsetzen, sind Versuche, das Weltbild transparent zu machen, allerdings nur zur Wegweisung des Toten, nicht etwa zur Belehrung der Lebenden. In solchen Fällen wird der Sonnenlauf zum allumfassenden Modell für Diesseits und Jenseits, für Aufstieg und Abstieg, z. B. in Darstellungen, die etwa den Djed-Pfeiler (als Symbol für Osiris) unten zeigen und oben die Sonnenscheibe, z.T. von der Himmelsgöttin umfangen, zwischen beiden in der Mitte das Lebenszeichen, ebenfalls die Scheibe mit herauswachsenden Armen berührend (vgl. Abb. 27).

Abb. 27

„Solche Modelle des Sonnenlaufes lassen sich in beiden Richtungen ‚lesen' – die Sonne in den Armen des Anch auch als *ḥtp m ʿnḫ*, also die gebräuchlichste Formel für den abendlichen Untergang, dem die Vereinigung mit Osiris in der Tiefe der Unterwelt folgt" (Hornung 1981: 220). Die Formel *ḥtp m ʿnḫ*, d. h. „ruhend im Leben", kann geradezu als Kurzformel des Glaubens an die dieseitige und jenseitige Existenz gelten.

Das Höhlenbuch läßt den Sonnengott in einer litaneiartigen Rede zu Osiris sprechen, der in zwölf, in Sarkophagen ruhenden Manifestationen erscheint:

O Osiris Chontamenti („Erster der Westlichen"),
dessen Höhle sein Sohn Horus schützt!
O Osiris, Herrscher der Dat („Unterwelt"),
Herr der Bahre, mit großem Sarkophag!
O Osiris, Herr von Tatenen,
dessen Platz verborgen ist vor seinem Gefolge!
O Osiris, Herr des Westens,
der dahinzieht zu seinen ...?
O Osiris, der seine Feinde vernichtet,
Herr der Toten und Herrscher der Achu („Seelen")!
O Osiris, Herr des (Richter-)Kollegiums,
der die Westbewohner richtet!
O Osiris, König des Westens,
der für die im Totenreich sorgt!
O Osiris, Herr der oberägyptischen Krone,
der seinem Sohn Horus Weisungen erteilt!
O Osiris, Dat-Vorsteher,
Herr der Höhle und Herrscher der Höhlung!
O Osiris, der die Wege bahnt,
Herr der Straßen, mit vielen Pfaden!
O Osiris, Herr der Neunheit,
dessen Worte ihm seine Feinde vernichtet haben!
O Osiris, der seine Feinde vertreibt,
der die Bau („Wirkkräfte") derer vernichtet,
die sich gegen ihn empören! *(nach Hornung 1989: 335)*

Der Zweitname Chontamenti („Erster der Westlichen"), an das paulinische „Erstling der Entschlafenen" (1 Kor 15,20) erinnernd (vgl. schon Drewermann 1989: 11) profiliert Osiris als Protagonisten der Unterwelt. Die Litanei selbst stellt so etwas wie ein Summarium der Funktionen des Osiris dar, der den Sonnengott so empfängt, wie es sich der Tote für sich selbst wünscht. Auch hier öffnet die mythische Phantasie dem Vorstellungsvermögen ein ganzes Spektrum von Modalitäten, wie Osiris dem Neuankömmling begegnet. Die Götterwelt nimmt mit Überraschung die Ankunft des Toten gewahr; seine besondere Fürsorgerin ist die mit der Himmelsgöttin gleichrangige Göttin des Westens, die auch als Baumgöttin fungiert, um den Gast zu versorgen. Dieser wiederum wird im Sinne seiner anstehenden Verklärung als „Sohn des Osiris" tituliert, der sich bei der Rezeptionszeremonie im Dialog zwischen der Empfangsgöttin und Osiris eine günstige Reputation verschaffen muß. Dies alles präpariert der Ritus, der das Mysterium der Verwandlung und Verklärung deutend in Szene setzt und vergegenwärtigt.

5. Klagen

Gerade angesichts des offensichtlichen Überschwangs an Bekundungen zugunsten eines kommenden Lebens empfiehlt es sich, erneut innezuhalten und sich über den nach wie vor bleibenden Standort der Klage angesichts der Todeswirklichkeit zu vergewissern. Aller wortwörtlich zur Schau getragenen Euphorie zum Trotz hat die Klage der Lebenden und auch der Toten in der ägyptischen Reflexion vehementen Ausdruck gefunden, so daß die Angst vor dem Abstieg ins Bodenlose ein konstanter Faktor des Jenseitsglaubens geblieben ist.

Die Totenklage hat ihren Stammplatz in der Begräbnisliturgie, keineswegs als Relikt oder gar fossiles Ereignis. Sie entspricht dem generellen Empfinden beim Verlust eines geliebten Menschen. So klagt die Witwe eines Mannes, der seinen anerkannten Platz in der Gesellschaft des Neuen Reichs mit der Isolation des Totenreichs eintauschen mußte:

> Der gute Hirte ist gegangen zum Lande der Ewigkeit ...
> der reich an Leuten war, du bist im Lande, das die
> Einsamkeit liebt.
> Der es liebte, seine Beine zu öffnen zum Gehen,
> ist gefesselt, eingewickelt und gehemmt!
> Der Reich an Stoffen sich zu kleiden liebte,
> schläft im abgelegten Kleid von gestern.
>
> *(nach Assmann 2001: 187)*

Die gleiche Stimmungslage verraten die Klagefrauen, die im Begräbniszug mitziehen:

> Das Haus derer im Westen,
> es ist tief und dunkel.
> Keine Tür, kein Fenster ist in ihm,
> kein Licht zum Erhellen,
> kein Nordwind, das Herz zu erfrischen.
> Die Sonne geht dort nicht auf …
>
> *(nach Assmann 2001: 188)*

Selbst die Toten können Klagereden führen, wie eine verstorbene Frau auf einer Totenstele des 1. Jh. v. Chr. zu ihrem noch lebenden Mann spricht:

> Der Westen, das ist das Land des Schlummers,
> eine lastende Dunkelheit,
> der Wohnort derer, die dort sind (der Toten),
> Schlafen ist ihre Beschäftigung,
> sie erwachen nicht, um ihre Brüder zu sehen.
> Sie können nicht ihre Väter und Mütter erblicken.
> Ihre Herzen entbehren ihre Frauen und ihre Kinder.
>
> *(nach Assmann 2001: 199)*

Auch den Göttern Atum und Osiris kommt ein Wissen über die negativen Seiten des Totenreichs zu, wie dies ein Dialogstück aus dem 175. Kapitel des Totenbuchs dokumentiert. Danach spricht Osiris:

> O Atum, was soll es,
> daß ich zur Wüste des Totenreichs dahineilen soll?
> Sie hat kein Wasser, sie hat keine Luft,
> sie ist ganz tief, ganz finster, ganz unendlich!

Auch dieses hier ebenfalls im Anschluß an Assmann (2001: 197) gebotene Textbeispiel geht an der chaotischen Befindlichkeit der Todeswelt nicht vorbei. Assmann möchte nun gerade hier eine Parallele zur vorderasiatischen und mediterranen Betonung der „Schrecken der Totenwelt" erkennen, die zugleich in einem „krassen Widerspruch" zur sonstigen Botschaft der Totentexte stünden. Die Nähe zu den Vorstellungen u. a. von der Scheol, einem biblischen Namen für die Unterwelt, sei mit Händen zu greifen, so daß sich die ägyptische Todeswelt „grundsätzlich nicht" von solchen Negativkonzeptionen unterscheide. Hier wie dort wird man freilich mit Fundamentalaussagen vorsichtig sein. Eher darf man wohl jeweilige Dominanzaussagen ausmachen, wie denn in Ägypten das positiv gefärbte Material zur postmortalen Existenzweise absolut überwiegt und im biblischen Israel das pessimistische Urteil über das Leben nach dem Tode im Vordergrund steht. Andererseits vergißt man in Ägypten die Furcht vor dem Tod ebensowenig wie man sich dagegen in Israel auch ein Wirken Gottes in der Scheol oder eine bewußte Orientierung auf das „Haus der Ewigkeit" hin vorstellen kann (vgl. Görg 1998: 148; 187–190).

Die augenscheinliche Destruktivität der Toten, die der Erfahrung des Lebendigen so zuwiderläuft – von Assmann als „Inversion" gekennzeichnet – ist auch ein Merkmal jener Lieder, die unter der Bezeichnung „Harfnerlieder" in die Literaturgeschichte eingegangen sind. Hier ist es insbesondere das „Antef-Lied", das von prägendem Einfluß war. In ihm beklagt sich der Sänger über das Geschick der Toten:

> Die Götter, die vordem entstanden,
> ruhen in ihren Pyramiden.
> Die Edlen und Verklärten desgleichen
> sind begraben in ihren Pyramiden.
> die da Häuser bauten – ihre Stätte ist nicht mehr –,
> was ist mit ihnen geschehen? *(nach Assmann 2001: 196)*

Neben den früheren Herrschergestalten sind es besonders die Weisen, deren Verlorenheit beklagt wird:

> Ich habe die Worte gehört des Imhotep und Hordedef,
> deren Sprüche in aller Munde sind.
> Wo sind ihre Stätten?
> Ihre Mauern sind verfallen,
> sie haben keinen Ort mehr, als wären sie nie gewesen.
> Keiner kommt von dort, von ihrem Ergehen zu
> berichten,
> ihren Bedürfnissen zu erzählen, unser Herz zu
> beruhigen,
> bis auch wir gelangen, wohin sie gegangen sind.
> *(Assmann 2001: 196)*

Dieser Skepsis entspricht auf den ersten Blick eine Konzeption, wie sie in der Bibel im Blick auf das Todesgeschick aller Menschen geäußert wird (vgl. etwa Psalm 49,11–15). Dennoch ist dort auch die Sehnsucht des von Gott Geschlagenen nach einer Ruhe in den Gräbern artikuliert worden, wie sie sich etablierte Leute leisten können (vgl. Ijob 3,13–15). Diese Orientierung am *Requiescat* kann auch ein anderes Harfnerlied bekunden, um freilich das negative an dieser ‚Kirchhofruhe' zu benennen:

> Dieses Land, das keinen Widersacher hat,
> unsere Leute ruhen in ihm seit der ersten Urzeit,
> und die da sein werden in unendlichen Jahren,
> sie gelangen alle dorthin.
> Es gibt kein Verweilen in Ägypten.
> Keiner ist, der nicht dorthin gelangte.
> die Zeit, die man auf Erden verbringt, ist nur ein
> Traum. *(Assmann 2001: 195)*

Die Klage wird nun keineswegs nur um einer folgenden Tröstung willen zu verstehen sein. Sie ist von sich aus Ausdruck einer ersten Befreiung von der Sprachlosigkeit, dem totalen Schweigen, das sich angesichts des radikalen Eingriffs in das Leben einstellt. So ist es kein Wunder, daß die Klage in Ägypten ein wesentliches Element des Mythos in der Konfrontation mit dem Tod geworden ist.

Im Hintergrund des ägyptischen Respekts vor Trauer und Klage steht zweifellos die mythologische Rede von der trauernden Isis, die über ihrem von Seth getöteten Gemahl Osiris in Klage ausbricht. So spricht Isis zu Osiris in einem spätzeitlichen Papyrustext:

> Ich bin deine leibliche Schwester,
> Entferne dich nicht von mir.
> Götter und Menschen haben ihr Gesicht dir zugewandt
> und beweinen dich vereint, weil sie mich sehen.

> Ich rufe nach dir weinend bis zur Höhe des Himmels.
> Hörst du meine Stimme nicht?
> ich bin deine Gattin, die du liebst, auf Erden,
> du liebst keine andere außer mir, mein Gatte!
>
> *(Assmann 2001: 191)*

Oder sie klagt über das Geschick des Osiris, auf ein Wiedersehen hoffend:

> Es ist zu lang für mich, die Nacht hier zu verbringen,
> einen Monat nach dem anderen.
> Wehe, wehe, die Einsamkeit liegt auf mir,
> die die Nacht einsam verbringt!
> Man soll mir die Krypta öffnen, damit ich Osiris sehe:
> ich bin die Schwester, ich bin die Gattin,
> ich bin die Gefährtin, ich bin die Geliebte.
>
> *(nach Assmann 2001: 192)*

Die Isisklage erstreckt sich über die Trauer um den Gemahl und Bruder hinaus auf die Verfassung der Begrabenen überhaupt:

> Die da liegen, ohne aufzustehen,
> deren Sarg von Binden umwickelt ist, deren Gliedmaßen behindert sind,
> denen ihr Land so tief liegt.
> Denen ihr Wasser so fern ist,
> deren Luft davonging, wann kommt sie zurück?
> An deren Kapelle die Schlösser mit Erz gesichert sind,
> deren Schritte unter Schweigen lasten.
>
> *(nach Assmann 2001: 193)*

Die Klage der Isis, in ihrem Gefolge die Trauer der Klagefrauen, stellt nach Assmanns ansprechender Beobachtung einen entscheidenden Faktor bei der Wiederbelebung des Toten dar, da erst die weibliche Klage Osiris in der Unterwelt dazu führe, „inmitten der Todeswelt das Zentrum einer Sphäre ewigen Lebens zu bilden, die jedem Toten, der ihm dahin nachfolgt, die Erlösung aus der Todeswelt und ein ewiges Leben verheißt“ (Assmann 2001: 190). Im Blick auf die hier gewählten Begriffe „Erlösung“ und „ewiges Leben“ möchte Assmann dazu auch wagen, „die Bedeutung der ägyptischen Symbolik mithilfe christlicher Begriffe zu erschließen“, da nach ihm „der christliche Mythos zutiefst geprägt ist von der ägyptischen Tradition, von dem Mythos um Isis und Osiris, in dem es von Anfang an um Erlösung und ewiges Leben geht“. Auch wenn bei der Übertragung geprägter Begriffe aus der jüdisch-christlichen Traditionslinie nach Ägypten eine gewisse Zurückhaltung geboten ist, sei doch ausdrücklich zugestanden, daß der ägyptische Mythos quasi die archetypische Basis darstellt, auf der sich die ‚Mythologie‘, d. h. die „Arbeit am Mythos“ u. a. mit der Ausbildung einer spezifischen Terminologie entfalten konnte. Die Vorstellungen von „Erlösung“ und „ewigem Leben“ sind in der Tat nicht ohne die fundamentale Vorlage und Vorgabe des ägyptischen Totenglaubens zu denken, so sehr auch interreligiöse und interkonfessionelle Differenzierungen Anspruch auf genuine Dignität haben. Assmann will näherhin die „Konstellation von Isis und Osiris auch mit Maria und Jesus vergleichen“, da etwa die Szene der *Pietá* „die leibzentrierte Intensität der weiblichen Trauer“ abbilde, wenn auch Jesus nicht wie Osiris in der Unterwelt verbleibe und Maria im Gegensatz zu Isis keinen Beitrag zur Auferstehung leiste. Immerhin steht freilich Maria unter dem Kreuz mit dem Auftrag liebender Zuwendung (vgl. Joh 19,25–27) und klagende Frauen sind die ersten Zeugen der Auferstehung (vgl. Mk 16,1–8 par.). Überdies bleibt Jesus auch trotz seiner Erhöhung nach wie vor der Gekreuzigte (vgl. Phil 2,8). Ein sensibel geführter Vergleich wird hier dennoch nicht daran vorbeikommen, daß auch in diesem Fall die Wahrheit des Mythos, der die Realität des Todes neben der Wirklichkeit der Erhöhung schaut, nicht gegen das gläubige Bekenntnis zu Kreuz *und* Auferstehung ausgespielt werden kann. Beidemal hat die Mystik der Klage eine konstruktive Funktion.

Schon der erste Augenschein lehrt, daß der Ägypter die Fahrt des Sonnengottes und des Toten an seiner Seite in der anderen Welt nicht als störungsfreie Exkursion in ein Erfrischungsland geschaut hat, sondern dort auch Situationen der Provokation erblickte, denen sich die Barkenfahrer zu stellen hatten.

Das Pfortenbuch manifestiert auf besonders eindrückliche Weise, wie die Varianten der Gefährdung aussehen, die zwar der letztendlichen Regeneration nichts anhaben können, dennoch aber als Herausforderung *ad maiorem dei gloriam* zu deuten sein werden. Die scheinbar massivste Bedrohung geht wie beim Sonnenlauf des Tageshimmels gerade auch in der Unterwelt von Apophis aus, der als vielfach gewundene Riesenschlange in der Funktion des Sonnenfeindes vor dem auf seinen Stab gestützten Atum erscheint (Abb. 28):

Abb. 28

Der Begleittext zu dieser Szene der 3. Stunde soll sofort verdeutlichen, wer der Gewinner ist:

> Dein Kopf ist abgeschnitten, Apophis,
> die Windungen sind zerschnitten!
> Nicht wirst du der Barke des Re nahekommen,
> nicht wirst du dich dem Gottesschiff nähern!
>
> *(nach Hornung 1989: 216).*

Eine Wandillustration im Grab Tuthmosis' III. im Tal der Könige (Abb. 29), die einer Darstellung aus der 7. Stunde im Amduat-Buch entspricht (vgl. Hornung 1989: 130f), illustriert diese drastische Behandlung:

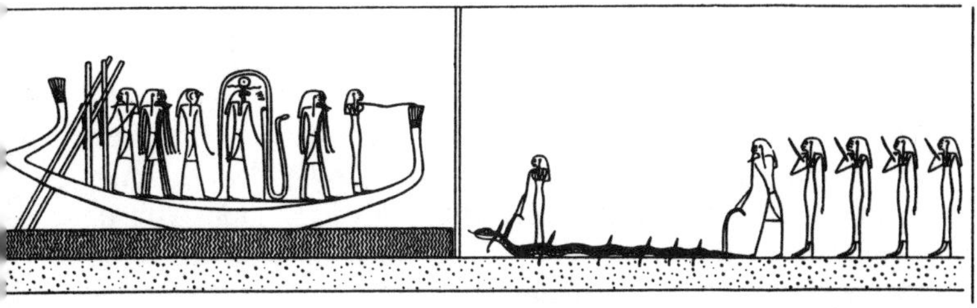

Abb. 29

Unter den bewußt schemenhaft gestalteten Figuren fällt zunächst der von einer Schutzschlange umhüllte widderköpfige Sonnengott auf, vor dem zunächst der Gott Seth als zauberkräftiger Anwalt steht, davor und an der Spitze der Barke die Göttin Isis, die auch hier um ihrer weiblichen Rolle als Protagonistin der Regeneration willen positioniert ist. In der Tiefe der Nacht sperrt sich die Schlange auf einer Sandbank gegenüber der Weiterfahrt der Barke, nachdem sie die Nun-Wasser der Fahrbahn ausgeschlürft hat. Die Bestrafung ist gleichwohl im Sinne der ‚behobenen Krise' bereits eingetreten. Die Göttin Selqet am Kopf und eine ‚Messergöttin' am Schwanz der Schlange halten sie in Schach, in deren Körper bereits die Messer stecken. Vier Assistenzgottheiten vervollständigen die Szenerie des unterweltlichen Gerichts, ihre im Original beigeschriebenen Namen: „Zusammenbindende", „Schneidende", „Strafende", „Vernichtende" verraten ihre Funktionen.

Ebenso beschwört ein Spruch der Schutzgötter des Sonnengottes aus der 10. Stunde die Vernichtung des „Rebells", der den „Alten", d. h. natürlich Atum, anfeindet:

> Dein Gesicht ist vernichtet, Apophis!
> Nimm den Weg zum Schlachtblock,
> Messer sind gegen dich, so daß du zerstückelt wirst!
> Der „Alte" ist gegen dich, so daß du vernichtet wirst!

„Die mit den Speeren“ stoßen (Speere) in dich,
und wir bezaubern dich mit dem, was in unserer Hand ist.
Hei, vertrieben ist der Vernichtete,
bestraft ist der Bestrafte! *(Hornung 1989: 278)*

Die Assistenzgötter „hüten das Seil des ‚Alten‘, sie lassen die Schlange nicht nahekommen zur Barke des Größten Gottes“. Damit wird die Bestrafung des Erzfeindes vollzogen, der in überbordender Magie noch eine ausführliche Szene der 11. Stunde gewidmet ist.

Im Höhlenbuch präsentiert sich der Sonnengott gleich bei seinem Eintritt als Herrscher, der ein Ensemble von Höhlenbewohnern des Jenseits anruft, um sie als Mächte in der Finsternis auf seine Seite zu ziehen:

Ich bin Re, der im Himmel ist.
Ich trete ein in die Urfinsternis,
ich öffne das Himmelstor im Westen.
Seht, ich bin eingetreten in das Westland!
Empfangt mich, reicht (mir) eure Arme!
Siehe, ich kenne euren Platz in der Dat („Unterwelt“)!
Seht, ich kenne eure Namen,
eure Höhlen, eure Geheimnisse!
(nach Hornung 1989: 311)

Die wortschöpferische Aktivität des Sonnengottes ermächtigt die Gestalten der Unterwelt zum Widerstand gegen jegliche Bedrohung, wobei die Anrede an jeden einzelnen charakteristisch ist. Die Wirksamkeit wird gerade dadurch gestützt, daß alle bei ihrem Namen angerufen werden.

Darstellungen und Texte werden insgesamt um der kommenden Sicherheit des Toten willen gestaltet. Dieser ist es letztlich, dem die himmlischen Mächte den Weg bereiten, so daß er selbst zum Speer greifen kann, um Apophis zu vernichten, wie in einer Szene aus dem Totenbuch (Abb. 30):

Abb. 30

Auch die als überwunden dokumentierten Jenseitskrisen unterliegen allerdings einer Betrachtungsweise, die sich nicht ohne weiteres als totales Verdikt über eine Figur wie Apophis bewerten läßt. Wenn es gilt, daß sich auch im ‚Apophis der Nacht' das „Nichtsein, dem er angehört" manifestiert, so daß ihm wie dem ‚Apophis des Tages' (vgl. S. 38) eine ambivalente Rolle zufällt, zeigt sich auch hier eine verborgene Dialektik. Es gibt offenbar nicht das absolute Böse, die Negation schlechthin, sondern immer auch ein immanent Positives, das der verborgenen Position und Funktion der angehenden Verkörperung anzuhaften scheint, zumal es den Umschlag ins Gute als Alternative fordert. Die Metaphysik der Scholastik konnte so wegen der Partizipation des Bösen am Sein paradoxerweise auch von dem Guten am Teufel reden. Immerhin ist der Satan des Alten Testaments auch nicht der Böse von Natur aus, sondern eine Art verlängerter Arm des schlagenden Gottes (vgl. Jjob 1). Selbst bei Atum war die Ambivalenz spürbar, da dieser höchste Gott bei all seiner Vollendung den Überschritt zur Negation bereits in seinem Namen ausweist.

Demzufolge ist die mystische Schau des Toten in eine Welt der Krisen und deren Überwindung eine Vision einer durchaus spannungsgeladenen Sphäre, in der es trotz der drastischen Szenerie nicht um kategorische Vernichtung an sich, sondern eher um wirksame Disziplinierung des Bösen geht, um dem Guten, d. h. dem Leben gegenüber dem Tod, die entscheidende Chance zu belassen.

Im dem zuletzt angezeigten Sinn will wohl auch das allbekannte Totengericht verstanden werden, obwohl eine äußerliche Betrachtung nicht ohne den Eindruck auskommt, es handele sich um eine endzeitliche, mithin endgültige Verurteilung dessen, der vor Osiris als dem prominenten Richter der Unterwelt nicht bestehen kann. Zu diesem Verständnis mag insbesondere die Beifügung des ‚Höllenhundes' beigetragen haben, der sogenannten Totenfresserin, die das Herz des Toten verschlingen soll, wenn es die Waage als leichter als die Maat befunden hat.

Position und Funktion des Totengerichts mögen deswegen nochmals einer Bestimmung unterzogen werden, die davon auszugehen hat, daß es auch hier um den Standpunkt der ‚behobenen Krise' geht, d. h. der Tote eine Wirklichkeit schaut, die sich längst zu seinen Gunsten ‚ausgewirkt' hat.

Totengerichtsdarstellungen (vgl. dazu v. a. Seeber 1976: 7–29) finden sich offenbar zuerst als Vignetten auf Totenbuchpapyri der ersten Hälfte der 18. Dynastie. In der Ramessidenzeit überwiegen einschlägige Szenen in den Gräbern; besonders ergiebig ist die Suche nach Darstellungen in der 21. Dynastie, zumal in den Anlagen der Hohenpriester von Theben und der Amunspriester von Karnak. In der ägyptischen Spätzeit beginnt eine Kanonisierung und Schematisierung der Darstellungen, die bis in die römische Zeit gültig ist. Weitere Träger der Szene sind Grabwände seit der Zeit Amenophis' III., mit breiter Bezeugung der Ramessidenzeit, wobei das Totengericht in Verbindung mit dem Bestattungszug erscheint, dazu aber u. a. auch zusammen mit der sogenannten negativen Konfession in der „Halle der beiden Maatgöttinnen". Später sind es vor allem Sargdekorationen und mythologische Texte mit der Gerichtsszene, dem Toten unmittelbar beigegeben, die die leibhaftige Relevanz der schicksalhaften Entscheidung versinnbilden.

Die Konstituenten der Szene werden am Beispiel der Abb. 31 deutlich, die eine Grabdarstellung der 20. Dynastie aus Abydos wiedergibt:

Abb. 31

Unterhalb der Unterweltsbarke präsentieren sich die Akteure, der erwartungsvolle Tote, der kontrollierende Anubis mit der Waage als „Instrument der Rechtsfindung“ sowie Herz und Maat jeweils in der Waagschale, dem beobachtenden Untier, dann dem berichterstattenden Gott Thot vor dem thronenden Richter-Gott Osiris mit Isis hinter ihm. Damit stellen sich Einführung, Wägung und Entscheidung als die drei wesentlichen Phasen heraus, die in der Ramessidenzeit gleichrangig gesehen und offenbar seit der 21. Dynastie zugunsten des abschließenden Rechtfertigungsgeschehens neu gewichtet werden. Der Verstorbene selbst äußert sich später ausdrücklich mit einem „Gestus der Rechtfertigung“, der bis in die römische Zeit maßgebend wird und zugleich das gewünschte Signal hergibt, um dem Ablauf der Gerichtsszene den positiven Verlauf zu garantieren.

Die Königsgräber des Neuen Reichs scheinen keine Gerichtsszenen zu kennen. Hier sollte die Annahme leitend gewesen sein, daß der König wie selbstverständlich den Erwartungen der Maat entsprochen hat, um so von vornherein der Rechtfertigung teilhaftig sein zu können, ohne daß es noch einer Urteilsfindung bedurft hätte. Das seit dem König Haremhab in einigen Königsgräbern repräsentierte Pfortenbuch bietet gleichwohl eine besondere Szene im Übergang von der 5. zur 6. Stunde (Abb. 32), die eine „Gerichtshalle des Osiris“ vorstellt, in welcher der Totenrichter auf einer neunstufigen Empore sitzt, vor ihm eine Gottheit, „die die Waage trägt“, freilich mit leeren Waagschalen.

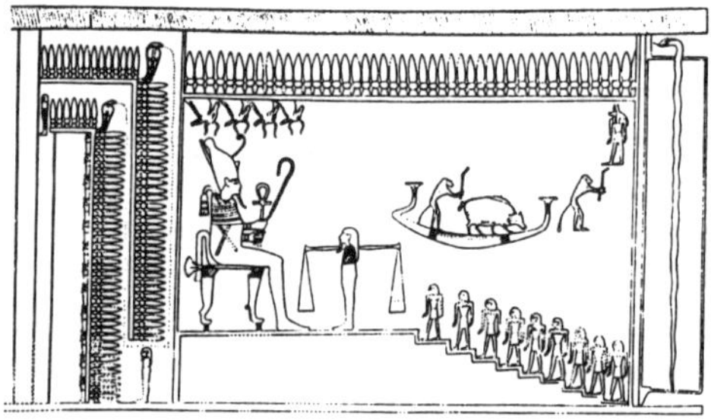

Abb. 32

Die Empore erinnert an die Vorstellung vom Ur-Hügel, der ja auch das Obsiegen über die Schöpfungsfeinde symbolisiert. Das Gericht erweist sich hier deutlich als ein kreatives Geschehen, wie ja später in der biblischen Religionsgeschichte das Endgericht mit seiner Scheidung von Gerechten und Ungerechten zunächst als eine Neuschöpfung begriffen werden darf, die der Trennung von Licht und Finsternis beim Schöpfungsgeschehen entspricht.

Während die Seligen dem Träger der Waage auf den Stufen folgen, zeigt sich oberhalb davon ein merkwürdiges Ensemble mit einer Barke und einem Affen darin, der ein Schwein vor sich her treibt. Bei dem Schwein handelt es sich gewiß um eine Verkörperung des Bösen (Seth bzw. Apophis), dessen Eliminierung angezeigt ist. Zwischen dem verfemten Schwein als Symbol der Verdammten und der bedrohlichen „Totenfresserin“ an der Waage des Totenbuches scheint zunächst eine Analogie zu bestehen, doch deutet das Schwein eher auf eine absolute Vernichtung hin, während der „Totenfresserin“ offenbar doch eine ambivalente Rolle zukommt: sie ist bei aller negativen Konnotation auch das Wesen, das durch Verschlingen des bösen Herzens der eigentlichen Erneuerung Vorschub leistet.

Diesen schon länger bekannten Deutungen des Totengerichts und seiner Elemente hat Jan Assmann erst jüngst neue Perspektiven hinzugefügt. Nach ihm hat sich die Vorstellung „aus dem archaischen Todesbild des Todes als Feind“ herausgebildet (Assmann 2001: 100). Überdies habe sich die Totengerichtsidee insbesondere mit dem profilierten Sündenbekenntnis als Widerspiegelung einer moralisch-ethischen Deutung des Mythos von der „Rechtfertigung des Toten gegen den Tod“ (104) erwiesen, um so auch auf das Verhalten in der realen Lebenswelt einzuwirken. Diesen Überlegungen mögen einige Anmerkungen gewidmet sein.

Einer der bekanntesten Mythen Ägyptens, schon von Plutarch dem Abendland überliefert, ist der Mythos vom Tod des Osiris, der auf das Konto seines Bruders Seth geht und letztendlich vom Osirissohn Horus gerächt wird. Der Todbringer, repräsentiert durch Seth, ist der Böse, der immer wieder verfolgt, gerichtet und bestraft werden muß. Der Tote ist dagegen gewissermaßen das Opfer jenes Widerparts des Lebens, der seinerseits durch einen Opferritus eliminiert werden soll. „Mit der Hinrichtung des Feindes ist die Heilung des Todes abgeschlossen“ (Assmann 2001: 93). Mit dem Sethbild dieses Mythos konkurriert allerdings der uns besonders leitende Mythos vom Sonnenlauf, wo Seth immerhin an der Seite des Sonnengottes dem Apophis widerstreitet. „Diese Doppelrolle des Seth zeigt, daß die Ägypter den Tod als Feind und Verkörperung des Bösen, aber nicht als das absolute Böse betrachtet haben“ (97). Seth setzt indes sein Zerstörungswerk fort und bedarf des weiteren Widerstands.

Der von ihm verschuldete „erste Tod“ soll jedoch den „zweiten Tod“, den der endgültigen Vernichtung des Osiris, d. h. des Toten überhaupt, abwehren helfen, was in der mythischen Verurteilung des Seth und im Totengericht geschieht. So wird „der Tote, der den ersten Tod erlitten hat, vor dem zweiten, endgültigen Tod gerettet“ (103). Die Totengerichtsszenen lassen das Untier an der Waage als „Personifikation des zweiten Todes“ (103) deuten, ohne daß sein Eingreifen nötig geworden ist.

Der Annahme einer spezifischen Rezeptionsgeschichte wird man sich hier nicht verschließen können. Der biblische

Ritus der Aussendung des ‚Sündenbocks' am Versöhnungstage (vgl. Lev 16) nimmt die mythische Vorstellung von der Verfemung des Seth in der Abgrenzung von dem Dämon Asasel auf. Im Eliminationsritus befreit sich Israel vom ‚zweiten Tod'. Tod und gottgeschenktes Leben sind überdies nicht nur in der israelitischen Konzeption von Gottesknecht (vgl. besonders Jes 52f), sondern gerade auch in der christlich-nachösterlichen Interpretation des Gottessohnes („Horus") Jesus Christus eine heilsstiftende Paarung eingegangen. Auch hier wird der erste Tod zum Grund der Heilung des Todes überhaupt, zur exemplarischen Rettung des Toten, um ihn so vor dem endgültigen Ausschluß vom Heil zu bewahren. Der Tod des ‚Osiris-Jesus' mit seiner Erweckung als gottgewirkter Belebung ist auch hier zum Rettungsanker „für die Vielen" geworden. Der Osiris-Mythos in Verbindung mit der Idee des Totengerichts ist – so fremdartig die Idee auch erscheinen mag – auch das Modell der Mythologie um Jesu Tod und Auferstehung geworden. Das Gericht selbst kehrt wieder in der apokalyptischen Vorstellung vom Weltgericht, ist aber bereits in diesem Leben präsent: „Wer nicht glaubt, ist schon gerichtet" (Joh 3,18). Aber es gilt auch: Der Glaubende „kommt nicht ins Gericht, sondern ist aus dem Tod ins Leben hinübergegangen" (Joh 5,24).

Die negative Konfession schließlich, wie sie im 125. Kapitel des Totenbuches mit den ca. 80 Selbstaussagen zur Lebensführung exemplarisch greifbar ist, spiegelt nach Assmann die Maßstäbe des Ethos im alltäglichen Dasein im Diesseits. Hier führt die Liturgie offenbar nicht nur dem Toten, sondern indirekt auch den Lebenden vor Augen, woran sie sich vor dem einstigen Richter messen lassen müssen. Insofern nehmen Bekenntnisse dieser Art auch einschlägige Erklärungen der autobiographischen Inschriften u. a. an den Grabeingängen aus dem Alten und Mittleren Reich wieder auf, die mit ihrer katalogartigen und formelhaften Diktion die Verdienste des Verstorbenen im Diesseits manifestieren und so als ‚Gabe' in die jenseitige Welt einbringen sollen.

Überdies soll der Negativkonfession nach Assmann auch eine Art Initiationsritual für die Aufnahme in die Priesterschaft entsprechen, so daß die ‚Priesterweihe' in Ägypten letztlich vom Sündenbekenntnis des Totengerichts geprägt wäre. Man könnte vielleicht u. a. auch an die Abrenuntationsriten im israelitischen Kult denken, wie sie u. a. in den Bußpsalmen und besonders im Ritual des Versöhnungstages verankert sind, der ja ohnehin u. a. im Zeichen der kritischen Rezeption der ägyptischen Rechtfertigungsvorstellung zu stehen scheint. Während das Buch der Weisheit die Frevler beim Endgericht ausdrücklich ihre Schuld gestehen läßt (vgl. Weish 5,1–14), bedarf der apokalyptische Weltenrichter, der nach dem wiederum aus Ägypten stammenden Modell der Scheidung zwischen den Erwählten auf der rechten und den Verdammten auf der linken Seite das Urteil spricht, nicht mehr der Erklärungen über Schuld und Unschuld, sondern sagt seiner Souveränität gemäß und formal entsprechend den Gerechten ihre guten Taten und den Versagern ihre Verweigerung des Guten zu (Mt 25,31ff). Hier transformiert sich die negative Konfession in die richterliche Vorhaltung des Negativen. Die Offenbarung des Johannes weiß um die vorgängige Entscheidung über das Schicksal des Menschen, wie sie im „Buch des Lebens" verzeichnet ist (Offb 20,12–15). Bemerkenswert ist auf dem ägyptischen Hintergrund der exzessiven Ausmalungen der endgültigen Vernichtung des Bösen im Jenseits die apokalyptische Vision zur Exekution von Tod und Unterwelt, die in den „Feuersee" geworfen werden, was den „zweiten Tod" bedeute (20,14).

Ebenfalls nicht fern von der Konzeption der initialen Abkehr steht die Praxis des Widersagens in der christlichen Taufliturgie, während die Feier der Gottesdienste ohnehin in der Regel einen Bußritus am Anfang vorsieht, der natürlich auch in der Liturgie der Priesterweihe seinen Platz hat. Ohne allzu voreilige Vergleiche zu ziehen, darf doch auch für das Bußverständnis bereits der Alten Kirche festgehalten werden, daß hier auch jene Vision vom Strafgericht nachwirkt, die in Ägypten visionär entwickelt wurde und phantastischen Vorstellungen über endzeitliche Höllenstrafen Ausdruck geben konnte. Daß diese zunächst um des demonstrativen Kontrastes zum optimalen Geschick des ‚Gerechten' willen ihren Platz erhielten, ist mit dem Verlust des mythischen Weltbilds aus dem Bewußtsein der Glaubenden geschwunden.

II. Nachtgesichte

Das ältere deutsche Wort für das Lehnwort „Traum" eignet sich allem Anschein nach in einem doppelten Sinn für eine Rückholung in den Sprachschatz. Es kennzeichnet eine Art ‚Schauen in der Nacht', eine Wahrnehmung, die ohne Inanspruchnahme des wachen Organismus geschieht. Zum anderen kann es über den gewachsenen Wortsinn hinaus als Bezeichnung für ein ‚Schauen der Nacht', d. h. einen besonderen Einblick oder gar Durchblick in die Nacht hinein genutzt werden. In beiden Fällen geht es aber um die eigentümliche Kraft zu sehen, so daß jedes ‚Nachtgesicht' wohl auch Wesentliches über den ‚Seher' verrät. Was an Wissen über die tiefenpsychologische Dimension des Traums längst Gemeingut ist oder sein sollte, könnte am Beispiel der ägyptischen ‚Nachtgesichte' nachhaltig demonstriert werden. Das Medium der ‚Nachtgesichte' schafft dazu eine Brücke zwischen dem mythischen Thema Tod und Todesüberwindung und dem alltäglichen ‚Leben mit dem Tod'. Im letzten Teil der imaginären Teilnahme am Sonnenlauf in Ägypten soll darum das mystische Verhältnis des Lebens in Zeit und Raum zur geschauten Nacht bedacht werden, die mit schönster Regelmäßigkeit zum Tage wird.

1. Sternenwelt

Die Jenseitsorientierung des frühen Alten Reichs sieht im nächtlichen Sternenhimmel den verborgenen Lebensraum des Königs in Gemeinschaft mit dem Sonnengott und dessen Assistenz. Die Basis dieser Idee bildet die Überzeugung, daß „der Ba des Verstorbenen als Stern am Nachthimmel leuchte“ (Junker 1949: 130). Der Glaube an die endgültige Beheimatung in der Sternenwelt ist der ägyptischen Vorstellung vom Leben nach dem Tode auch nicht mit dem Aufkommen des erdgebundenen Osirisglaubens abhanden gekommen, sondern mit diesem in eine kontrastreiche und zugleich äußerst kreative Konzeption eingebunden worden. Die Sterne zieren als Kinder der Nut den Leib der Himmelsgöttin, die die Sterne jeden Tag neu gebiert, aber nunmehr in Abstimmung mit Osiris dirigiert. Die Vorstellungen der Pyramidenzeit kennen die Himmel und Erde umgreifende Königsherrschaft (Texte nach Junker 1949: 122ff). Nach dem Spruch 605 bittet der König um Aufnahme als Stern im Nachthimmel:

> O mein Vater! Mein Vater in der Finsternis!
> Mein Vater Atum in der Finsternis!
> Hole mich an deine Seite,
> damit ich ein Lichtlein anzünde und dich hüte.

Atum kommt nach Spruch 476ff den Wünschen des Königs in überreichem Ausmaß entgegen, wenn er sagt:

> Gegeben sei ihm der Himmel,
> gegeben sei ihm die Erde!

Die Götter des Himmels und der Erde empfangen den König, lassen ihm umfassende Herrschaft zukommen (vgl. Spruch 939ff).

> Wie schön ist es doch zu schauen, sagt sie, sagt Isis,
> wie erfreulich ist es doch zu sehen, sagt sie, sagt Nephthys
> zu dem König, zu König N., wenn er zum Himmel aufsteigt
> zu den Sternen, zu den unvergänglichen Sternen,
> seinen Löwenhelm auf seinem Haupte,
> seinen Schrecken zu beiden Seiten,
> seine Zauberkraft vor ihm.

Und so geht der zu seiner Mutter Nut,
klettert empor auf ihr als auf einer leiter.
sie bringt herbei die Götter, die am Himmel wohnen,
und sie vereinen sich für dich mit den
Göttern, die auf Erden wohnen,
daß du mit ihnen seiest und auf ihren Armen schreitest.

Das künftige ‚ambivalente' Leben, die „doppelte Seligkeit im Himmel und in der Unterwelt" (Junker) wird in Spruch 373 beschrieben:

Du trittst an die Tür, die das Volk fernhält.
Der Erste der Westlichen tritt heraus zu dir,
faßt deine Hand und nimmt dich zum Himmel zu
deinem Vater Geb.
der freut sich bei deinem Nahen, er umarmt dich,
er küßt dich, er herzt dich
und setzt dich an die Spitze der Geister, der
unvergänglichen Sterne.
Es preisen dich die Verstorbenen,
es versammeln sich dir die Großen,
es stehen auf vor dir die Wächter.

Der Spannungsreichtum zwischen dem Wohnen im Himmel und auf Erden darf noch weiter ausgelotet werden, weil es das Idealbild künftigen Lebens ausmacht. Dazu ist ein eingehenderer Blick in die Anfänge nötig. „Ehedem waren die Seelen der Verstorbenen als Sterne am Nachthimmel wandernd gedacht, unter ihnen auch die Seelen der Könige, wenn sie auch einen bevorzugten Platz unter den Unvergänglichen, den Circumpolarsternen beanspruchten oder als Sternbilder galten" (Junker 1949: 131). Im Lauf des Alten Reichs wird mit dem Siegeszug des Sonnenkultes zunächst einer Konzentration auf die Begleitung des Re durch den König Raum gegeben, wobei die ‚Schiffsmannschaft des Re" von den ‚unvergänglichen Sternen', wozu vielleicht nicht nur die Zirkumpolarsterne zu zählen sind (Krauss 1997), gebildet wird. Bezeichnend ist die Umorientierung der Grabbauten mit dem Ausgang nach Norden, verbunden mit der Idee des Hinausfliegens zu den Zirkumpolarsternen hin zur Anlage des Ausgangs im Osten, die der Vorstellung des Aufstiegs im Angesicht der Sonne folgt. Um der „gleichzeitigen glücklichen Existenz in der Unterwelt" mit den bleibenden Wirkkräften Ka, Ba und Ach gerecht zu werden, hat Junker von einer „Art des Überallseins" dieser Kräfte sprechen wollen. Eine noch stärkere Herausforderung an diesen Ausgleichsversuche stellt die besagte Profilierung des Osirisglaubens dar. Hier spricht Junker von einem „Kampf zwischen den Vorstellungen eines himmlischen Elysiums und eines göttlichen Reiches der Unterwelt", der zu einer behelfsmäßigen Symbiose geführt hätte: „Dem konservativen Geist der Ägypter entsprechend werden zwar die alten Bilder von dem Weilen in den Himmelsgefilden und von den Fahrten im Sonnenschiff beibehalten, aber man empfindet, wie da nur überkommenes Gut ist, und wie von diesen Vorstellungen keine siegreiche Kraft mehr ausgeht" (134). Diese Konzeption unterschätzt freilich die bis in die Spätzeit anhaltende Virulenz der mythologischen Sprache. Die offenbare Disparität der Vorstellungen mag sich dem Zugriff einer kombinierenden oder gar systematischen Analyse entziehen, behält aber gerade in der ‚Koinzidenz der Gegensätze' ihre verborgene Relevanz.

Uns kommt es hier nicht so sehr auf detaillierte Nachzeichnung der sich überlagernden Vorstellungen und allmählichen Modifikationen an, als vielmehr auf die Kontinuität der ägyptischen Hoffnung auf ein beglückendes Nachleben, das sich in einer anderen, diesseitige und jenseitige Räume umfassenden Perspektive vollzieht. Sinnträchtig für diese bipolare Sichtweise ist mit Assmann (2001: 315) nicht zuletzt die Scheintür in den Grabkapellen: „Die Scheintür hat von Anfang an die Funktion, Totenwelt und Lebenswelt, Jenseits und Diesseits miteinander in Verbindung zu setzen, wie immer man sich auch in den verschiedenen Epochen der ägyptischen Religionsgeschichte das Jenseits vorgestellt hat. Der Tote ist ein Wanderer zwischen zwei Welten, und die Welt der Lebenden wird überall, wo ein Grab gebaut wird, zum Jenseits hin durchlässig". Desgleichen wird man sagen können, daß die anfängliche Orientierung an einem beseligenden Aufenthalt in der Sternenwelt immer dann erinnernd vergegenwärtigt wird, wenn der Lebende seinen Blick in den Nachthimmel richtet.

Die Ausstattung der Sargkammer in den Pyramiden ist hier Illustration genug, sie ist ein Mikrokosmos, der Unterwelt und Oberwelt umschließt. Das konstruktive Bestreben, sozusagen in einer summarischen Überschau die Extreme zu verbinden, war schon in der Schlußszene des Pfortenbuches in den Blick gekommen. Hier sei noch ein Beispiel dieses bildhaften Credo angefügt, das die Verschränkung der Aspekte besonders glücklich zum Ausdruck bringt (Abb. 33). Rambova (1957: 61) spricht hier von einem „mysterious interplay of the forces of Life and Death".

Abb. 33

Im oberen Register, das durch die gelängte Himmelshieroglyphe von einem unteren abgeteilt ist, erscheint Re-Osiris in einer einzigen originellen Figuration begleitet von Isis und Nephthys und den Symbolen des schönen Westens. Im unteren Register schaut der Falkenkopf des höchsten Gottes in umgekehrter Position aus dem Himmel in die Unterwelt, um Sonnenstrahlen, die aus Scheiben und Sternen bestehen, auf die Mumie herabzusenden. Auch hier begleiten das Geschehen die Göttinnen Isis und Nephthys, ergänzt durch Geier und Kobra, die Symboltiere der beiden Landeshälften Ägyptens. So wirken beide Welten, oben und unten,

Himmel und Erde zusammen, um die Belebung des Toten zu bewirken.

2. Mutterschoß

Ein weiteres Einigungssymbol, das Jenseits und Diesseits verbindet, ist der Mutterleib der Himmelsgöttin, in welchen die Sonnengottheit eingeht, um aus ihm wieder hervorzukommen. So ist Osiris bereits denen, die im Mutterleib sind, verbunden:

König der ewigen Dauer
Herr der Seienden,
dem die noch nicht Seienden gehören;
alles was existiert, jedermann ist ihm anheim gegeben.
Die im Mutterleib richten ihr Angesicht auf dich,
alle Welt zieht dahin zu dir. *(Assmann 1999: 493)*

Die Seienden, sie sind bei dir,
Götter wie Menschen.
Du bereitest ihre Stätte im Totenreich,
zu deinem Ka flehen sie.
Die da kommen zu Millionen über Millionen,
am Ende steht das Anlanden bei dir.
Die im Mutterleib haben ihr Gesicht schon auf dich gerichtet,
es gibt kein Verweilen in Ägypten. *(Assmann 1999: 495)*

Osiris entstammt selbst dem Mutterleib der Himmelsgöttin Nut, er als der älteste von fünf „Kindern der Nut" (Osiris, Isis, Seth, Nephthys und Horus), so daß er unter nachstehenden Prädikationen angerufen werden kann:

Erscheine doch, o Sohn der Nut,
wie der Allherr bei seinem Erscheinen,
lebendig, erneuert, verjüngt!

Nut, die die Götter gebar,
sie gebar dich als Größten der Fünf Götter,
sie befestigte die Weiße (Krone) auf deinem Haupt.

Du packtest Krummstab und Geißel,
als du im Leibe warst
und noch nicht auf die Welt gekommen warst.

Herrscher der unendlichen Zeit,
Herr des Totenreichs,
Einzigartiger … Herr der Dauer.
Er kam hervor aus dem Mutterleib
und vereinte Krone und Uräus auf seinem Haupt.

(nach Assmann 1999: 484–486)

Ein Hymnus, der an den Gott unter dem Zweit-Namen Chontamenti („Erster der Westlichen") gerichtet ist, nennt neben Nut auch Isis als Mutter:

Sei gegrüßt Chontamenti,
König, Herrscher des Westgebirges;
erstgeborener Sohn vom Leibe der Nut,
Sprößling des Geb, des Erbfürsten der Herren (?),
König der Könige …
Seine Mutter Isis ist in Frieden gekommen,
ihre Hände gefüllt mit Leben und Herrschaft.

(nach Assmann 1999: 488)

Ebenso wie die Himmelsgöttin Nut erscheint so auch Isis als Mutter von Göttern und Menschen. Beide können auch miteinander identifiziert werden. Bereits der Pyramidenspruch 1703a–c nennt die beiden Muttergottheiten nacheinander in einer Anrede an den wiedergeborenen Toten:

Deine Mutter Nut hat dich im Westen geboren,
(nachdem) du zum Westen herabgestiegen bist als
Herrin der Würde.
Dein Mutter Isis hat dich in Chemmis geboren!

(nach Münster 1968: 74)

Die Sargtexte des Mittleren Reiches können Isis als Mutter auch mit dem „schönen Westen", d. h. der Westgöttin, gleichsetzen. Der Tote kann so die Anerkennung der Isis suchen, um auf diesem Wege von Osiris als dessen Sohn rezipiert zu werden. Die Götter der Unterwelt werden aufgefordert, auf ihn zu sehen, „diesen jungen Gott, den göttlichen Geist, den Osiris zu seinem Sohn gemacht hat, den Isis zu ihrem Kind gemacht hat" (vgl. Münster 1968: 76).

Mit der gern dargestellten Gestalt einer ‚Baumgöttin', d. h. einer aus dem Stamm einer Sykomore herauswachsenden weiblichen Figur, die den vor ihr knienden Verstorbenen auf einem Tablett ‚Nahrung des ewigen Lebens' reicht und ‚lebendiges Wasser" zukommen läßt (vgl. Abb. 34), verbindet sich die Vorstellung der lebensstiftenden Ur-Göttin, die sich in Göttinnenfiguren verschiedenen Namens verbergen kann, wie in der Nut so auch in der Hathor oder in der Isis, wobei die Vergabe des Lebenswassers im letzteren Fall auch „als Milchspende gedeutet werden konnte, die dem Toten besondere Gaben und Kräfte vermittelt" (Münster 1968: 153).

Abb. 34

Die Varianten der ‚Baumgöttin' zeigen jedenfalls deutlich, daß die anfängliche Nahrung des Menschen auch die seiner Wiederbelebung ist: „Manchmal hat sie den Baum selber als Leib, und nur menschliche Arme und eine weibliche Brust deuten auf die Göttin, welche die nährenden Brüste verkörpert, die ‚Brüste der Natur', aus denen sich der Mensch sogar noch jenseits des Todes immerfort neue Körper- und Geisteskräfte einverleiben kann" (Hornung 1992: 174). Zu der immer wieder betonten Vermittlung der Lebenskraft durch das weibliche ‚Prinzip' Isis tritt mit vergleichbarer Intensität auch die weibliche Kompetenz des Empfangens, die naturgemäß für den Toten die erste ‚Wahrnehmung‘ für den Eintritt in die neue Existenzweise bedeutet. Im Empfangen der Sonnenscheibe durch die Himmelsgöttin Nut (vgl. Abb. 13) ist diese dem Toten gewünschte und zugesicherte Akzeptanz vorgebildet.

Die mythische Bezugnahme auf den Leib der Himmelsgöttin, der auch der Leib der Isis ist, schafft den Kontakt zu jenem intimen Raum der Geborgenheit und zugleich der Wiedergeburt, die dem ‚ersten Leben‘ ein ‚zweites Leben‘ folgen läßt. Es ist kein Wunder, daß der Mutterschoß grundsätzlich als Symbol des mythisch-mystischen Verlangens nach Wiedergewinnung der uranfänglichen Ruhe und Sicherheit gelten kann. Wenn die Funktion der Himmelsgöttin oder noch eher jene der ‚Westgöttin‘ analog zu ihrer Rolle in Korrespondenz zum erdgebundenen Osiris gesehen werden darf, kann grundsätzlich auch eine Verwandtschaft mit dem Glauben an die Wiedergeburt aus dem Schoß der ‚Mutter‘ Erde ins Auge gefaßt werden, wenn diese auch nicht im Vordergrund der Texte und Illustrationen steht. Isis, die ‚Westgöttin‘ (u. a. auch die dem Westgebirge zugeordnete Meresger als Göttin, die „das Schweigen, d. h. die Stille der Totenwelt, liebt“) sind so Variantgestalten einer Muttergöttin, die den Verstorbenen gastlich empfängt und entsprechend angeredet werden darf.

Himmelsgöttin und Erdgöttin sind deshalb nicht ohne weiteres einander entgegengesetzte Figurationen, sondern Komplementärgottheiten, ja Funktionsträgerinnen für ein und denselben Vorgang der radikalen Erneuerung. Die Isis-Mythologie hat den Charakter der Göttin als Erdgöttin noch in weitere Bilder gefaßt. Während Osiris, genauer seine Verwesungsflüssigkeit, für das Wasser steht, ist Isis das Land mit den beiden Ufern. Ein Spruch der Sargtexte gilt der Verklärung der Isis:

> Sage meinen Namen,
> sagen die beiden Ufer.
> Möge mir deine Hand gegeben werden,
> (ihr) beiden Lippen der Isis.

Du (das Ufer) ißt die Verwesungsflüssigkeit in der
Finsternis ... *(nach Münster 1968: 199)*

„Isis ist die Erde, die Uferränder sind ihre Lippen, ihr Mund, der das Wasser aufnimmt" (Münster 1968: 199f). In entsprechender Weise kann der Tote bekennen:

Nicht sind meine Lippen vertrocknet,
(denn) ich habe meinen Durst
mit dem großen Ausfluß meines Vaters Osiris gestillt.
Isis hat (ihren) Durst (gestillt) mit dem großen Nil,
mit der Flut des Osiris. *(nach Münster 1968: 200)*

Für den Toten wird bereits die Sarglegung eine Art „Rückkehr zum Mutterschoß" (vgl. Assmann 1982: 267; 2001: 128). Die Vorstellung von der lebensspendenden Muttergottheit als Erdgöttin hat demnach auch in Ägypten einen Wurzelgrund, obwohl der vorderasiatische Raum hier ergiebiger zu sein scheint. Hier sind es insbesondere die mittelbronzezeitlichen Skarabäendekorationen mit dem sogenannten Omega-Symbol aus dem nordsyrisch-anatolischen, aber auch palästinischen Raum, die Anlaß zu einer Verbindung mit der Mutterschoß-Symbolik gegeben haben (Keel 1989: 39–87). Eine kulturell übergreifende Sichtweise dürfte freilich später in der Lage gewesen sein, in den Konturen des Symbols sowohl eine Andeutung des Hathorkopfes wie auch eine gewisse Nähe zum sogenannten Schen-Ring zu erkennen. Auch Hathor hat ja unter den Gottheiten der Unterwelt innerhalb der Assistenz des Osiris ihren Stammplatz, da auch sie als Schöpfungsgottheit über die Kompetenz der Regeneration verfügt. Der „Schen-Ring", der etwa auf einer Sargdekoration mit einer Thronbesteigungsszene des Osiris zu sehen ist (Abb. 35), hat hier offenbar seinen Platz oberhalb der Himmelshieroglyphe und unterhalb der den Osiristhron ‚tragenden' Riesenschlange, weil er beide Sphären miteinander verbindet.

Abb. 35

Sofern sie überhaupt von einem Nachleben der Toten redet, weiß die Bibel sporadisch auf die Vorstellung der Erde als Mutterschoß hin (vgl. u. a. Jes 26,19 Ijob 1,21 Jesus Sirach 40,1). Denkbar ist, daß hier eine mythische Konzeption nachwirkt, die sich in vergleichbaren Ausformungen und Modifikationen aus der Basisvorstellung vom Mutterschoß entwickelt hat, wobei nicht zuletzt auch die in Ägypten nachweisbare Idee von der erdverbundenen Muttergottheit beteiligt gewesen sein mag.

3. Herz

Die besondere Herausstellung des Herzens als Inbegriff der menschlichen Selbstdarstellung u. a. im Totengericht hat ihren Grund in der Überzeugung, daß das Herz in mehrfacher Hinsicht als das Zentralorgan der menschlichen Konstitution gilt. Das Herz ist Träger der ureigenen Entschlüsse und Entscheidungen, die so von einer Art Gewissensinstanz sprechen lassen. So konnte schon der altehrwürdige Weisheitslehrer Ptahhotep formulieren (vgl. Görg 1975: 82–86):

> Ein von Gott Geliebter ist der, welcher hört;
> nicht aber hört ein von Gott Gehaßter,
> das Herz nun ist es, das seinen Herrn macht
> zu einem Hörenden und zu einem Nicht-Hörenden;
> Leben, Heil, Gesundheit eines Mannes ist sein Herz.
> Ein Hörender nun ist es, welcher hört das Reden;
> wer das Hören liebt, ist einer, der nach dem Worte tut.

Als eines der frühesten Zeugnisse menschlicher Reflexion zur eigenen Verantwortung darf dieser Text als ein bezeichnendes Erbstück überlieferten Menschheitswissens gelten. Das Herz wird demnach ganz unabhängig von detaillierten medizinischen Einsichten schon im frühen Ägypten als Steuerungsprinzip der Sinne aufgefaßt, wofür exemplarisch das Hören steht. Die Rede vom „hörenden Herzen" (vgl. 1 Kön 3,9) hat in Ägypten ihren Ursprung. Die Vorstellung bedeutet eine Kommunikation von einer Mitte her, die den Selbststand des Menschen ausmacht, sein Ich prägt. Vielleicht liegen hier auch die Wurzeln der Entdeckung des Individuums, die eine kulturstiftende Innovation darstellt. Jan Assmann (1996: 144) hat sogar von „Kulturen des Herzens" sprechen wollen, zu denen in erster Linie Ägypten gehöre.

Der ‚Slogan' „dem Herzen folgen" bezieht sich nach Assmann (1996: 152) „auf den weiten Bereich der ägyptischen Fest- und Mußekultur, die in den Wandbildern der Gräber vom Alten Reich bis in die Spätzeit einen so breiten Raum einnimmt", wie dies schon bei Ptahhotep deutlich wird:

> Beinträchtige nicht die Bedürfnisse eines jeden Tages
> über das Bestellen deines Hauses hinaus.
> Die Sache dessen, der seinem Herzen folgt, gelingt,
> aber nichts wird vollendet, wenn das Herz beleidigt wird. *(nach Assmann 1991: 218)*

Es wird aber auch klar, daß die hier geforderte Einsicht über eine Zuwendung zum Genießen des Lebens sozusagen *sub specie aeternitatis* zu betrachten ist:

> Gut ist es für dich, deinem Herzen zu folgen,
> solange du auf Erden weilst. *(nach Assmann 1991: 215f)*

Der Mensch muß bei aller Geschäftigkeit des Alltags zu sich selber kommen und bei sich sein, um wahrnehmungsfähig zu bleiben. Daß dazu vor allem die Dialogfähigkeit mit der göttlichen Instanz gehört, lassen jüngere Texte mit größerer Deutlichkeit vernehmen. Hier sei nochmals auf die bereits zitierte Sentenz der Ramessidenzeit verwiesen, in der das Vertrauen auf Amun in unmittelbar ansprechender Weise zum Ausdruck kommt (vgl. Abb. 17): „Es gibt keine Zuflucht für mein Herz außer bei Amun-Re". Auch bei diesem Vorläufer des bekannten Augustinusworts („Unruhig ist unser Herz, bis es ruht in Dir") steht das Herz für die innere Verfassung des Menschen, sein Ich und sein Vermögen. Geschöpflichkeit ist spürbar, der Mensch genügt sich nicht selbst, ihn ergreift das Sehnen nach Erfüllung. Das Erstreben eines Ruhezustands gehört zu seinem Wesen: die Bewegung, das Unterwegs-Sein prägt ihn. Die Sentenz drückt die Ahnung eines bleibenden Geborgenseins aus. Woher kommt das Gefühl einer elementaren Zuordnung und Beheimatung?

Eine noch jüngere Weisheitslehre, die des Amenope, aus dem Anfang des 1. Jahrtausends v. Chr., anerkanntermaßen von beträchtlichem Einfluß auf die biblische Weisheit, wirbt für eine ‚Gewichtung' des eigenen Herzens im Vertrauen auf den Schöpfer:

> Mache dich schwer in deinem Herzen,
> festige dein Herz,
> steuere nicht mit deiner Zunge.
> (Zwar) ist die Zunge des Menschen das Steuerruder des Schiffes,
> (aber) der Allherr ist sein Pilot.
>
> *(nach Grumach 1972: 124–128)*

Von besonderem Reiz ist hier die Assoziation der scheinbar so heterogenen Bildelemente Herz, Zunge und Steuerruder, die zusammen genommen jedoch eine Relation zwischen der Schöpfung des Diesseits und der Weiterexistenz im Jenseits signalisieren. Herz und Zunge sind ja schon aus der ‚memphitischen Theologie' als Korrelate bekannt, denn: „Das Herz ist es, das jede Erkenntnis entstehen läßt, und die Zunge ist es, die wiederholt, was vom Herzen erdacht wird". Das richtige Führen des Steuerruders versinnbildet ein von der Maat geleitetes Tun, das hinwieder für die jenseitige Wägung des Herzens gewichtig ist, wobei die Zunge das „Zünglein" an der Waage ist (vgl. Herrmann 1954: 108).

Angesichts der zentralen Funktion des Herzens kann die Zäsur um so gravierender empfunden werden, die mit der Vorstellung von einer Loslösung des Organs vom Menschen verbunden ist. Das Herz ist ja „eine eigene Persönlichkeit, die den Menschen verlassen kann und ihm dann den klaren Willen und das Bewußtsein raubt“ (Hornung 1992: 179). Das „müde“ Herz und das „abwesende“ Herz sind sogar Signale des „Personzerfalls“ (Assmann 1996: 147), die den nahenden Tod anzeigen. Bildhafte Wendungen wie „mein Herz hüpft davon“ – „das Herz ist vergeßlich“ – „mein Herz ist nicht in meinem Leib“ etc. konnten Andeutungen des Todes vermitteln. „Die entscheidende Dissoziation von Herz und Selbst geschieht im Tode“ (Assmann 1996: 149). Eine der dringlichsten Erwartungen ist es aber, daß das Herz dem Toten zurückgegeben werden soll, eine Hoffnung, die beim Mumifizierungsprozeß mit der Belassung des Organs im Körper unterstützt wird. Die Pyramidentexte sprechen Isis oder Nephthys die Kompetenz zu, das Herz wieder einzupflanzen. Gerade auch die Himmels- und Muttergottheit Nut gilt als Vermittlerin der gewünschten Wiedervereinigung, wie Sargtexte bekunden:

> Sie (Nut) gibt dir dein Herz zurück in deinen Leib,
> sie vereinigt deine Glieder für dich.
>
> Ich (Nut) gebe dir dein Herz zurück von deiner Mutter,
> ich gebe es an seinen Platz in deinem Leib,
> in dem du frisch und verjüngt bist.
>
> *(nach Assmann 1996: 150)*

Wenn der Eintritt in das andere Leben zwar in Einheit mit dem eigenen Herzen erfolgt, bedeutet dies noch keine Garantie dafür, daß das Herz auch in den endgültigen Reinigungsprozeß einbezogen wird und beim Menschen verbleibt. Die Situation des Totengerichts setzt ja das Herz einer Wägung aus, bei der es um des positiven Ausgangs willen nicht als zu schwer befunden werden darf. Das leibhaftige Herz von der eigenen Mutter (Primärwort: *jb)* und das im Leben gewachsene Herz (Sekundärwort: *ḥ3tj)* können als Zeugen aufgeboten werden:

> Mein Herz *(jb)* meiner Mutter,
> Mein Herz *(jb)* meiner Mutter,
> Mein Herz *(ḥ3tj)* meiner wechselnden Formen:
> Steh nicht auf gegen mich als Zeuge
> tritt mir nicht entgegen im Gerichtshof,
> wende dich nicht gegen mich vor dem Wägemeister!
> *(nach Assmann 1996: 151; vgl. auch Assmann 2001: 141)*

Das Verlangen nach abschließender Rechtfertigung findet nicht zuletzt in der Gestaltung der sogenannten „Herzskarabäen" sinnfälligen Ausdruck. Es handelt sich hier um ein offenbar verbreitetes und beliebtes Amulett, das einen Text des Totenbuchs (Kap. 27–30b) v. a. mit Beschwörungen zum Schutz vor schädlichen Dämonen in die ovale Fläche der Unterseite eines Skarabäus einschreibt. Hier steht der Zusammenhang des Herzens mit dem Steuerungsprinzip der Welt, des Kosmos, im Vordergrund, wie es gerade durch den Skarabäus als Werdesymbol angezeigt ist. Außerdem gilt aber: Der Schöpfergott selbst hat ein Herz, wie dies schon die memphitische Theologie über den Gott Ptah bekundet, seine Sprache schafft die Dinge und das Leben dieser sowie der anderen Welt. Die Mitte des Menschen wird neu geschaffen. Vielleicht knüpft die Redewendung vom Nehmen des Herzens aus Stein und der Gabe des neuen Herzens aus Fleisch bei dem Propheten Ezechiel (36,26) an diese Vorstellung an. Die auch als Pektorale genutzten Herzskarabäen konnten als Amulette zur Sicherung des Werdeprozesses getragen werden.

Während der Hauptstrom der religiösen Überlieferung in Ägypten die Beziehung des Herzens zur Götterwelt als Allgemeingut der menschlichen Geschöpfe preist, reklamiert der ‚Sonnenkönig' Echnaton das wahre Wissen um das Herz für sich selbst, so daß Assmann hier von einer „Königsbeherzigung" sprechen möchte, die nunmehr mit einer allgemeinen „Gotteschau" einhergehe:

Ich bin dein Sohn,
der dir wohlgefällig ist,
der deinen Namen erhebt!
deine Kraft und Stärke sind fest in meinem Herzen.
(nach Assmann 1999: 216)

Wenn du gegangen bist,
dein Auge nicht mehr da ist,
das du um ihretwillen geschaffen hast,
damit du dich nicht selber siehst
als einziges, was du geschaffen hast (?);
(auch dann) bist du in meinem Herzen,
denn es gibt keinen, der dich kennte,
außer deinem Sohn ...
Du läßt ihn kundig sein deiner Pläne und deiner
Macht. *(nach Assmann 1999: 221)*

Vielleicht darf man hier auch von einer esoterischen Mystik reden, um die exklusive Inanspruchnahme Gottes für das eigene Herz auszudrücken. Man kann erwägen, ob sich hier nicht ein spezieller Zug des ‚Monotheismus' Echnatons verrät, der die kosmische Orientierung auf ein privates Wissenspotential einengt, so daß dieser ‚Monotheismus' einer Monomanie des Verehrers Vorschub leistet. Gerade dieser Gefahr sollte der viel später und unabhängig von Echnaton entwickelte Monotheismus in Israel aus dem Wege gehen: Israels Gott sollte der Eine und Einzige für die Regierung, das Volk und den Kult sein und bleiben.

4. Verklärung

Die Bestattungsliturgie sieht schon in der Pyramidenzeit eine Rezitation von Sprüchen vor, die den Toten „zu einem Ach machen" (*s3ḫw*), d. h. seine „Verklärung" herbeiführen sollen. In den Pyramidentexten heißt es u. a. in der Spruchsequenz 213–219:

Mögest du aufsteigen zum Ort, wo dein Vater ist,
zum Ort, wo Geb ist,

damit er dir gebe, was an der Stirn des Horus ist,
und du dadurch ‚Ba' wirst, ‚Sechem' gewinnst
und zum Ersten der Westlichen wirst.

(nach Assmann 2001: 162)

In der Zusammenschau von Oben und Unten wird hier das Werden zum „Ersten der Westlichen", d. h. Osiris, als Machtgewinn sui generis gedeutet; Die ‚Ba'-Macht meint die zu sich selbst gekommene, unbehinderte und überlebende Wirkkraft des Menschen, ‚Sechem' womöglich dazu die dynamische ‚Ausstrahlung' als Wahrzeichen dessen, der die Gestalt des Horus als Sohn des Osiris angenommen hat. Der dann als Horus angeredete König hat die Freiheit von Leid und Verletzbarkeit an sich gezogen:

Du bist geboren, o Horus,
in seinem Namen
„Vor dem die Erde erschrickt und der Himmel
erzittert"
Wie dieser kein Leid hat
und dieser keine Wunde, und umgekehrt,
so hast auch du kein Leid und keine Verwundung.

(nach Assmann 2001: 162f)

Die neue Existenz, auf Neugeburt beruhend, hat das Faszinosum und Tremendum auf seiner Seite, bekanntlich die Charakteristika des Heiligen (R. Otto). Leidlosigkeit und Unversehrtheit sind Kennzeichen der ewigen Seligkeit, die die Glaubenshaltung seit jeher dem Gerechtfertigten attestiert. Ägypten kann auch in diesem Sinne als früheste Stätte der Bezeugung einer ‚Heiligenverehrung' gelten, die nach der christlichen Tradition in der Reverenz vor dem Auferstandenen kulminiert. Gerade diesem weist ja die christliche Liturgiesprache die Freiheit von Leid zu, um zugleich aber über die ägyptische Perspektive erheblich hinausgreifend zu betonen, daß alles Leid der Welt durch ihn „verklärt" sei.

Der Wunsch einschlägiger Texte zur „Verklärung" im Neuen Reich gilt einer umfassenden Öffnung und Befreiung, so daß der Tote sein ‚Ach'-Sein in Gemeinschaft mit dem Sonnengott vollzieht:

> Möge dir der Himmel sich öffnen,
> möge dir die Erde sich öffnen,
> mögen dir die Wege sich öffnen im Totenreich,
> auf daß du ausgehst und eingehst mit Re,
> indem du frei schreitest wie die Herren der Ewigkeit.
>
> *(nach Assmann 1986: 1001)*

Einer besonderen Betrachtung bedarf an dieser Stelle die ägyptologische Interpretation von „Verklärung", welcher Begriff ja bereits eine durch die abendländische Theologie geprägte Semantik hat. Nach Assmann (1986: 998–1006) gehören zu den genuinen Themen: „Opferempfang, Himmelsaufstieg, Gemeinschaft mit dem Sonnengott, Rechtfertigung, Jenseitsreise", dazu auch „Empfang göttlicher Mahlzeiten bzw. Speisung an heiligen Orten, Teilnahme an Festen, Gliedervereinigung, Bewegungsfreiheit usw.", so daß sich als „Generalthema" der „Aufbau einer Personalität" feststellen lasse, „die sowohl physisch, durch Wiederherstellung aller Körperfunktionen, als auch sozial, durch Einbindung in spezifische ‚Konstellationen' der Götterwelt, integriert ist". Als „Grundform religiöser Rede in Ägypten überhaupt" sei Verklärung „im weiteren Sinne einer ‚sakramentalen Ausdeutung' zu verstehen, „der sprachlichen Vergegenwärtigung einer jenseitigen Sinnwelt in einem diesseitigen, wenn auch kultisch herausgehobenen Handlungsrahmen", wobei sie näherhin als „ein rückverzaubernder Diskurs" erscheine, „der Diesseitiges und Jenseitiges wieder zur Deckung bringt".

Wenn die ‚Verklärung' die religiöse Rede in Ägypten fundamental qualifiziert, ist eine kurze Vergleichsstudie angezeigt, die das ägyptische Verständnis dem Hauptstrom des religionsgeschichtlichen Redens von Verklärung kritisch zuordnet. Möglicherweise zeigt sich an der wohl für Ägypten gültigen ‚Definition' ein gravierender Aspektunterschied zum gewohnten Verständnis von ‚Verklärung', da die Transfiguratio vor allem im biblischen Kontext als autonome Tat der Verwandlung durch Gott ohne jedes menschliche Zutun erscheint.

Schon die Psalmensprache wehrt sich offenbar gegen jeden Versuch, den ‚Ach' des Menschen, welches Wort als Lehnwort belegt erscheint, im Nachhinein formen oder gar zurückholen zu wollen (vgl. Görg 1998: 130–132). Die sogenannte Verklärungsszene (vgl. Mk 9,2–8 mit Parallelen) ist am ehesten als Epiphanie-Erzählung mit mythologischer Prägung zu deuten, die ausschließlich auf ein verwandelndes Handeln Gottes an Jesus abgestimmt ist. Auch die Rede vom „verklärten Leib" im Zusammenhang der Auferstehungstheologie hat durchaus passive Konnotation: Erwekkung und Auferstehung sind allein Gottes Sache, die durch keine Liturgie, auch durch keine sakramentale Handlung, erzielt werden kann.

Irreführend wäre es andererseits freilich auch, den Ägyptern die Idee einer absoluten ‚Machbarkeit' von ‚Verklärung' im Sinne einer beschwörenden Realisierung nachzusagen. Die Texte geben sich ja äußerlich vielfach als Wunschformeln, denen eine alsbaldige Verwirklichung entsprechen möge. Daß die Erfüllung letztlich nicht mehr auf das Konto des Engagements des Liturgen und auch nicht der Rezitation an sich gehen kann, wird gleichwohl nur indirekt spürbar.

Assmann hat seine Vorstellung von der „sakramentalen Ausdeutung" erst jüngst präzisiert (2001: 458f). Sie beziehe sich „auf den verborgenen, den Augen uneingeweihter Betrachter nicht zugänglichen Sinn der Handlung, ihren *sensus mysticus*, wie man im Mittelalter gesagt hätte", womit ein „besonderes Wissen" um die „Götterwelt" gegenüber der „Kultwelt" gemeint sei. Näherhin handele es sich sogar um „eine echte Transformation": „Durch die Herstellung einer Verbindung zwischen Kultwelt und Götterwelt wird eine Verwandlung erzielt, ein kultweltlicher Vorgang in ein götterweltliches Ereignis transformiert".

Da auch hier wieder z. T. Begriffe Eingang finden, die der christlichen Sakramenten- und Mysterientheologie entstammen, darf erneut daran erinnert werden, daß die ägyptische Konzeption nicht ohne weiteres in gleicher Weise wie die Sakramententheologie zwischen dem *opus operantis* und dem *opus operatum* unterscheiden läßt. Immerhin wird dort nicht nur das *opus operantis*, d. h. die liturgische Aktion in Zeichenhandlung und Wort, sondern gerade auch das *opus operatum*, d. h. die im Vollzug des Ritus glaubend gesetzte Wirklichkeit als verborgener Erweis der gnadenhaften Zuwendung Gottes verstanden. Es ist also nicht an eine Transformation „kultweltlicher" Liturgie in die Welt Gottes gedacht, sondern an die Vergegenwärtigung eines Heilsgeschehens, das von Gott inszeniert wird. Dies kann für das Verständnis der ägyptischen Totenliturgie nicht in gleicher Weise in Anspruch genommen werden.

Schließlich ist auch Assmanns Instrumentarium zur Beschreibung des im Verklärungsgeschehen obwaltenden „Geheimnisses" als „das wirksamste Mittel der Gruppenbildung" zu befragen, da man den Eindruck gewinnen kann, daß auch die christliche Feier des Mysteriums, nicht zuletzt in der von Assmann eigens benannten Eucharistie, auf einem *sensus mysticus* beruhe, der mit einem Verbund von „Geheimhaltung" in einer „Geheimwelt" mit „Geheimsprache" zu tun habe. Auch wenn Assmann zum Thema abschließend vermerkt, es ginge weder bei den ägyptischen Verklärungstexten und deren Relationssetzung zwischen einer „realweltlichen, kultischen Sphäre" und der „götterweltlichen, mythischen Sphäre" noch bei den sakramentalen Abendmahlsworten um Esoterik, sondern um eine „vergegenwärtigende Beziehung, die die Sprache zwischen beiden Sphären zu stiften vermag", ist doch das weitergehende Verständnis der Mysterientheologie zu bedenken, wonach die Vergegenwärtigung eines Heilsgeschehens nicht bloß auf der Basis einer einschlägigen Rezitation, sondern gerade beim liturgischen Drama in gottgestifteter und zugleich schöpferischer Erinnerung vollzogen wird. Von dieser Differenzierung abgesehen bleibt nach allem gleichwohl festzuhalten, daß es schon in Ägypten die Vorstellung gibt, daß

Zeichenhandlung und begleitendes Wort in der Liturgie ein Geschehen auf einer verborgenen höheren Ebene anzeigen können, wofür die Riten der ‚Verklärung' wohl das eindrucksvollste Beispiel hergeben.

5. Elysium

Zu den attraktivsten Illustrationen der jenseitigen Welt gehört fraglos die vielbeachtete Szene des ‚Elysiums' im Grabe des Sennedjem im Wohnbereich der Nekropolenarbeiter von Deir el Medine, Oberägypten (Abb. 36). Über die Bedeutung der ägyptischen Bezeichnungen der paradiesischen Szenerie als Sechet Jalu oder Schi-Jalu (*šj-j3rw*) ist viel gerätselt worden; mittlerweile scheint es so, als hätten wir es mit Nominalfügungen zu tun, die in ihrem zweiten Bestandteil die hieroglyphische Wiedergabe der semitischen Bezeichnung für Gott: „El" enthalten, so daß ein mit der gebräuchlicheren Bezeichnung für „Gottesland", nämlich ‚Ta Neter' (*t3 nṯr*), korrespondierendes „Gottesland" gemeint sein könnte, das auch äußerlich als eine Art Fremdland ausgewiesen wäre. Diese Namengebung ist außerdem möglicherweise im hebräischen „Scheol", dem geläufigen Namen für die Unterwelt, aufgenommen, jedoch zugleich semantisch in ihr Gegenteil verkehrt worden. Im biblischen Israel meint „Scheol" in erster Linie, freilich nicht ausnahmslos, die Welt der Toten als Ort der totalen Finsternis und Gottesferne.

In der fünfregistrigen Szenerie begegnet uns Überfluß auf allen Ebenen. Beherrschend ist die übergeordnete Darstellung des Re, der auf seiner Barke dahinfährt, beiderseits von Pavianen begleitet und verehrt. Unmittelbar darunter erscheint der Tote mit seiner Gemahlin in der anbetenden Haltung vor den Göttern Re, Osiris und Ptah sowie zwei nicht benannten Göttern, daneben in einer Barke sein Sohn Ramose und schließlich ein zweiter Sohn Chonsu, der vor der Mumie das Ritual der Mundöffnung vollzieht. Die Register III–V sind besetzt mit der bildlichen Charakteristik des

Abb. 36

‚Gefildes der Seligen': Register III zeigt das verstorbene Ehepaar in festlicher Gewandung bei der Erntearbeit in einem Getreidefeld mit überaus hoch anstehendem Korn; Register IV stellt das Paar bei weiteren landwirtschaftlichen Arbeiten, u. a. den Verstorbenen beim Pflügen, vor; Register V schließt die Szenerie zusammen mit dem das ganze Feld rahmenden Wasserlauf ab, um zugleich die Verzweigungen des Gewässers zu zeigen, an dessen Ufern ein botanischer Garten mit einem Spektrum verschiedenartiger Bäume und Gewächse angepflanzt ist.

Zur Darstellung des Grabherrn bei der Arbeit ist angemerkt worden, im Unterschied zu den bekannten Szenen aus den Privatgräbern der 18. Dynastie sei hier „die gleiche Verrichtung in eine jenseitige Unwirklichkeit übertragen" worden (Otto 1966: 128). Diese Beobachtung ist zumindest darin mißverständlich, aber auch bezeichnend für eine einengende Optik, wonach die Szenerie einer unwirklichen Sphäre zugeschrieben wird, wo doch der Ägypter von der besonderen Realität dieses Raums der Ewigkeit überzeugt gewesen sein muß. Die geglaubte Sinnsphäre darf indessen nicht einfach für irreal erklärt werden, nur weil sie sich dem konkreten Zugriff der Lebenden entzieht. Für diese ist wenigstens das Traumbild einer idealen Welt eine anziehende Wirklichkeit, die zugleich die künftige Landgabe und neue Schöpfung des höchsten Gottes und dessen Assistenz abbildet. Es geht darüber hinaus um die Wahrheit des Mythos, wonach sich auch der Ägypter zutiefst an einer endgültigen Beheimatung orientiert, die sich keineswegs nur in einer spiegelbildlichen Umsetzung des Diesseits in ein Jenseits erschöpft.

Das derart bunt gefüllte Rechteck repräsentiert nach allem eine Sichtweise, die mit der jenseitigen Welt offenbar eine paradiesische Vorstellung verbindet. Man kann dennoch nicht umhin, auf das ägyptische Interesse an der Idealisierung von Landschaften und Teichgärten bereits im Diesseits zu verweisen, wie dies jüngst Assmann getan hat, um freilich zugleich die diesseitige Orientierung zum Maßstab für die gewünschte Zukunft als Rückkehr in das Reich der Lebenden zu machen. Nach ihm beginnt die Vorstellung des Elysiums im Neuen Reich, „zwischen Diesseits und Jenseits zu changieren", was auch für das Diesseits gelte, „das elysische Aspekte annimmt" (2001: 316). Die Illustration bedient sich gleichwohl nur des Modells irdischer Idealkonzeptionen, um für den Toten den Übergang zur ursprünglichen Fülle des Daseins, die Rückkehr zu den Anfängen der Schöpfung zu erwirken. Der Tote soll so einer ‚kosmographischen Ideallinie' folgen, die seiner Regeneration förderlich ist. Dem steht wohl nicht entgegen, daß es auch im Diesseits wie allem Anschein nach bei Memphis (dazu Assmann 2001: 317) Anlagen gegeben hat, die mit der paradiesischen Bezeichnung „Gottesland“ u. ä. ausgestattet gewesen sein mögen. Man denke nur an Bezeichnungen wie die der Champs Elysées in Paris oder den ‚Platz des himmlischen Friedens‘ in Peking. Dies besagt aber nur, daß man eine irdische Vorwegnahme eines Idealraums betreibt, dessen eigentliche Verwirklichung oder Vollendung noch aussteht. Wie dagegen die hiesige Erfahrungswelt weithin aussieht, bedarf keines Kommentars. Um so eher konturiert sich das Wunschbild. Der Umstand, daß sich die anregenden Deskriptionen von Landschaften und Gartenanlagen in absolut überwiegender Zahl in den Gräbern finden, bezeugt den Wunsch nach Heimkehr in die ursprüngliche Welt, gewiß nicht nur eine bloße Rückkehr in das empirische Diesseits.

Hier trifft sich die Illustration wieder mit der Liturgie. Nach dem abendländischen Liturgieverständnis ist auch der Raum der gottesdienstlichen Feier ebenso wie das sakrale Geschehen selbst als eine Vorwegnahme der Gemeinschaft mit Gott gedacht. Den Altar umstehen mit den Offizianten und dem Volk die Heiligen. In durchaus ähnlicher Weise denkt sich der Ägypter den Zusammenhang zwischen der „kultweltlichen“ und der „götterweltlichen“ Sphäre. Es gibt gewiß eine Art Wechselspiel zwischen den Zeichnungen beider Welten, jedoch nur, um die einstmalige und letztendliche Überhöhung alles Irdischen mit dem Ziel der kompletten Erneuerung nicht aus dem Auge zu verlieren.

Das Verhältnis des ägyptischen ‚Schi-Jalu‘ als „Gottesland“ zum hebräischen ‚Scheol‘ als des womöglich sprachlichen, wenn auch nicht semantischen Pendants bedarf noch weiterer Betrachtung, weil es mit einer allzu rigorosen Abgrenzung der jeweiligen Wertung nicht getan ist. Assmann hat gewiß zu Recht auf den „Scheol“-Charakter auch eines Teils der Unterwelt, etwa des ominösen „Haus des Ba“ in den Pyramidentexten, hingewiesen (2001: 166f), da auch daselbst die Gottesferne und allgemeine Finsternis mit allen

Schrecken und chaotischen Mißhelligkeiten verortet worden sei, jedoch auch bemerkt, daß dieser Bereich bewußt umgangen und beherrscht werde. Aufs Ganze gesehen behält die Totenwelt ihre lebenserneuernde Dimension. Auf der Seite des biblischen Scheol gibt es immerhin auch das Zugeständnis einer Einsicht von oben, da Gott kraft seiner Kontrolle des Chaos in die Zone der Finsternis hineinblicken und dort Zeichen setzen kann (vgl. Jes 7,12). Doch dominiert hier der negative Aspekt, so daß es grundsätzlich bei dem semantischen Kontrast bleiben muß. Hier zeigt sich im übrigen ein wichtiger methodischer Vergleichsweg: es gilt, wie auch in der Frage Monotheismus (in Israel) vs. Kosmotheismus (in Ägypten) die jeweiligen Schwerpunkte zu erkennen, nicht das Disparate absolut zu setzen.

Die Verbindungslinien zwischen Ägypten und Israel führen nicht zuletzt über die beidseitige Orientierung an einer Welt, die der erfahrbaren Gegenwart diametral gegenübersteht. Wie in Ägypten stellt der Tod auch in Israel die bedrückende Herausforderung dar, der man mit der Zeichnung einer ‚Gegenwelt' begegnet. In Ägypten konzentriert man sich auf die jenseitige Sphäre, die jedoch in Wahrheit eine Welt der uranfänglichen Regeneration sein soll, während man im biblischen Israel auf der irdischen Verwirklichung eines „neuen Himmels" und einer „neuen Erde" besteht, die in den Kategorien des anfänglichen, ebenfalls irdischen Paradieses oder Gottesgartens beschrieben werden kann.

Der ägyptische Gottesgarten als anschaulicher Inbegriff der Seligkeit berührt sich mit der biblischen Darstellung in Gen 2 in der Zeichnung einer reichlich bewässerten Landschaft, auf deren Boden üppige Bäume gedeihen und der Mensch hegend und pflegend tätig ist. Wie in Ägypten die Vorlage der Illustration in irdischen Gärten gesucht werden darf, so werden in Israel der Königs- bzw. Tempelgarten in Jerusalem als Muster für die Paradiesbeschreibung zu gelten haben, wenn auch in beiden Fällen die Umsetzung in Text und Bild ihre steigernde und idealisierende Intention nicht verhehlen kann.

Die Illustration des ‚Elysiums' ist ein gemaltes Preislied auf den Kosmos. Der Beschauer versetzt sich in diesen phantastischen, aber doch vorstellbaren Raum einer ‚Gegenwelt', um von daher seiner positiven Denkweise den Stempel des Endgültigen zu geben, von dem das Vorläufige zu scheiden ist.

Assmann beschließt seine Erwägungen zum jenseitig/diesseitigen Garten mit dem Hinweis auf eine „Umpolung des Jenseitsglaubens im Neuen Reich" (2001: 318), womit ein „jenseitiger Bereich in der diesseitigen Welt" zum Gegenstand spätägyptischen Denkens geworden sei. Man könnte hier an eine frühe Variante der jüdisch-christlichen Idee vom Anbruch der Gottesherrschaft in dieser Welt denken, muß aber im Auge behalten, daß die Initiative nach biblischem Zeugnis ausschließlich dem Schöpfer vorbehalten bleibt. Ägypten mißt dagegen allem Anschein nach dem Festteilnehmer und der Festgestaltung eine Kompetenz zu, die die Rezitation des Sakralen zu einer Zitation des Göttlichen werden läßt.

6. Schauen

Ein eigener Diskurs darf der Dimension des Schauens gewidmet sein, auf das alle Illustrationen der anderen Welt hingeordnet sind. Den Einstieg möge der Blick auf die vordere Sargdekoration bilden, der in der Regel mit dem Falkenauge des Horus ausgestattet ist. Dem Toten wird mittels der sinnenhaft erfahrenen Liturgie eine Fähigkeit zugesprochen, die Augen zu öffnen, was ihm u. a. mit Hilfe der Augen des allwissenden Horus ermöglicht wird.

Das Schauen ist zunächst eine elementare Befähigung der Götter. Im Mythos der sogenannten Augensagen (vgl. Otto 1975: 562–567) hat das Organ eine unerwartet weittragende Funktion. Die deutende Wahrnehmung begreift die beiden größten Gestirne Sonne und Mond seit alters als Augen, die anfänglich verschiedenen Göttern zugeordnet wurden, später dann als die beiden Augen des höchsten Gottes Re verehrt werden konnten. Im Mythos vom zyklischen Kampf zwischen Horus und Seth erfährt das ursprünglich als Mondauge gedachte Sehorgan des Horus eine Verletzung, die der Reduktion der Mondscheibe entspricht. Die Auffüllung der Mondscheibe hingegen wird der Heilkraft des in der medizinischen Kunst bewanderten Gottes Thot zugesprochen, der auch die Rechenkunst beherrscht und so das Auge des Horus sowohl zu einem Symbol des körperlichen Wohlergehens wie auch eines Organs als einer Ganzheit mit seinen Teilen werden läßt. Dieser Grundidee ist die Beliebtheit des „Heilauges" (*wḏ3t*) verpflichtet, das als Amulett mit dem Skarabäus vergleichbar und aus der praktischen Religiosität des Ägypters nicht wegzudenken ist. Die im Mythos begründete Wirksamkeit des Amuletts, das zu den signifikantesten Apotropaika (Übel abwehrende und Schutz gewährende Zaubermittel) gehört, vermittelt überdies die Überzeugung, daß ein göttliches Sehen der Dinge ein Kennen und Beherrschen der Krisen ermöglicht, an dem man teilzuhaben wünscht. Das Mondauge, später mit dem Sonnenauge (vermittelt über Horus als Sohn des Re) in eins gesehen, ist dazu mit Tod und Auferstehung des Osiris in Zusammenhang gebracht worden und gewinnt so gerade für den regenerativen Weg des Toten eine heilsvermittelnde Symbolik.

Im Vorfeld der übergreifenden Sinngebung des göttlichen Auges als „Heilsauge" wird auch dem Sonnenauge ein genuiner Schicksalsweg zugesprochen. Der Urgott Atum, dem das Sonnenauge als „Auge des Re" zugehört, vermag dieses sein Auge „auszusenden", um seine Kinder Schu und Tefnut (vgl. den heliopolitanischen Götterhimmel) zu suchen. Ein konkurrierender Mythos weiß um eine Ineinssetzung des Sonnenauges mit der Göttin Hathor, die ebenfalls ausgesandt wird, diesmal, um potente Gegner auszuschalten. Das zurückgekehrte Auge trifft auf ein rivalisierendes Ersatzauge. Diese Konfrontation führt zur Erhebung des ersten Auges an die göttliche Stirn Atums. Wieder ein anderer Mythos läßt das Sonnenauge selbst im Zorn das Weite suchen und von Thot und Schu heimgeholt werden, welche Gottheiten im Rahmen der Mythenverschmelzung wiederum das „ferne Auge“ als Mischgottheit Hathor-Tefnut in Erscheinung treten lassen. In all diesen Mythenvarianten spiegelt sich der Glaube an eine von höchster Stelle autorisierte Heilkraft des Sonnenauges wider, die den Provokationen auch in der anderen Welt gewachsen ist.

Gerade die Rolle der Hathor als „Auge des Re“ ist darum in den ‚Nachtgesichten‘ in die Gegenwelt von Bedeutung. Schon die Pyramidentexte können vom Auge des Sonnengottes reden, „das auf dem Gehörn der Hathor ist“ (Spruch 705a). Die Göttin Hathor ist ja auch in der Himmelskuh ersichtlich, der im ‚Kuh-Buch‘ ein Schauen in die jenseitigen Räume attestiert werden kann. Es bedarf des göttlich gestützten Sehens, um den nächtlichen Raum einsichtig und transparent für den Erneuerungsprozeß zu machen. Hier liegt wohl der tiefste Grund für die kontinuierlich hohe Einschätzung des „Sehens“ als einer durchdringenden und zugleich kreativen Ermächtigung dessen, der neu geboren werden soll.

Die Barke der Sonne hat ihrerseits Anteil an der umfassenden Symbolik der göttlichen Augen. Wie die Himmelsrichtungen Ost und West sowie Süd und Nord jeweils auf das linke und rechte Auge des Re verteilt werden können, um so dessen kosmische Relevanz zu betonen, wird auch der Tagesbarke das rechte und der Nachtbarke das linke Gottesauge zugewiesen, womit die allseitige, Zeit und Raum übergreifende und überwachende Einsicht des höchsten Gottes manifestiert wird.

Mit göttlichen Augen sehen dürfen ist denn auch die extreme Wunschvorstellung, die sich gerade dem Betrachter der Illustrationen zum Leben nach dem Tode mitteilt. Natürlich soll dieser in erster Linie der Tote selbst sein, da ihm Einsicht zugute kommen muß. In indirekter Weise zählen aber auch die, die für die szenischen Darstellungen verantwortlich sind, die die Prozesse der „Verklärung“ organisieren und leiten, die Liturgen und Zeremoniare, kurz die lebenden Hinterbliebenen zu denen, die im kompetenten

Schauen der anderen Welt das Optimum des Überlebens und der Erneuerung ausmachen.

Die christliche Tradition hat sich daran gewöhnt, in der beseligenden Schau (*visio beatifica*) eine Metapher für die Teilnahme an der ewigen Herrlichkeit bei Gott wahrzunehmen. Auf den ersten Blick möchte man auch hier eine religionsgeschichtliche Fortsetzung jenes alten Bedürfnisses entdecken, mittels der Partizipation an der Totenliturgie und des Mediums der Fürbitte in privater Frömmigkeit in die Anwartschaft jener exklusiven Begegnung mit dem Licht aufgenommen zu werden. Der lateinische Wunsch *et lux perpetua luceat eis* („Das ewige Licht leuchte ihnen") deckt freilich auch jene Perspektive auf, die – wenn auch nicht per se ausgeschlossen – so doch nicht im Vordergrund des ägyptischen Totenglaubens steht. Es geht um die passive, sich ganz der Gnade des lebensstiftenden Gottes aussetzende Grundhaltung des Vertrauens, die ohne präparierende oder richtungsweisende Maßnahmen auskommt. Die so erbetene Visio läßt die Andersartigkeit göttlichen Schauens von vornherein zu, erklärt sie sogar für maßgebend und entscheidend. Eine Schau des Ewigen kann es danach nur geben durch den Ewigen selbst, der die Augen in unvorstellbarer Weise öffnet.

Diese theologische Charakteristik der *visio beatifica* soll jedoch in keiner Weise verdecken, daß der Ägypter bereits um eine wegweisende Klärung des göttlichen und gottgewirkten Schauens bemüht gewesen ist. Daß er das Jenseits vielfältig in den Farben des Diesseits malt, kann weder als Appell an eine unveränderte Rückkehr des Verstorbenen in irdische Verhältnisse zu seinen Lebzeiten verstanden werden noch als Ermutigung zu einer schlichten Reproduktion oder Neuauflage seines Erdendaseins in einem ‚Gegenhimmel'. Die Überzeichnung der irdischen Befunde hat vielmehr ein eigenes Gesicht, das der erneuernden anderen Welt nämlich, das einen Blick auf die eigenen Anfänge richten läßt und eine Neugeburt ermöglicht. Ägyptische Religion und christlicher Glaube sind jedenfalls in dem entscheidenden Punkt miteinander verwandt, daß sie einer Neuschöpfung „ins Auge sehen" lassen wollen.

Das Nachtgesicht oder der Traum bietet immer wieder Äußerungen des Unbewußten, die elementare und vielfach verdrängte Bedürfnisse des Menschen bezeugen. Die bewegten Bilder im Traum können verborgene Sehnsüchte, aber auch defizitäre Erfahrungen und Ängste vor Augen stellen. Der Ägypter erhebt die Visionen des Unbewußten zu Schauungen, die im Tod als dem Verwandten des Schlafes den Übergang wahrnehmen, der – wie es biblisch heißen würde – vom stückwerkhaften Erkennen zum Sehen von Angesicht zu Angesicht führt. Die Nachtgesichte bedürfen gleichwohl der Deutung; die dem Toten mitgegebenen Texte und Bilder entstammen zwar der Imagination der irdischen Dichter und Künstler, werden aber als göttliche Eingebungen gefaßt, sind selbst göttliche Kreationen. Insofern sind die Götter nicht nur die Inspiratoren der Hagiographen, sondern auch die berufenen Kommentatoren und Exegeten. Auch hier halten sich die Götter ihre menschlichen Interpreten. Die Priester, speziell die „Vorlesepriester" (*ẖrj ḥb)*, verstehen sich als Rezitatoren in göttlicher Delegation. Noch das Alte Testament reflektiert diese Funktion, wenn es die ägyptischen Traumdeuter *ḥartummim* (eine Transskription der ägyptischen Berufsbezeichnung ins Hebräische) nennt und im Auftrag des Pharao als ‚Exegeten' seiner Träume probeweise agieren läßt (vgl. Gen 41,8.24). Ein häufig belegter ägyptischer Ausdruck für „träumend sehen" *(ptrj)* bedeutet zugleich „den Traum deuten". Mit einem modernen Ausdruck könnte man dieses Verbum *ptrj* am ehesten mit „einen Durchblick haben" wiedergeben. Das Wort verdient auch wegen seiner möglichen Rezeption in der bekannten Josefsgeschichte des Buches Genesis im Alten Testament besonderes Interesse, zumal sich in dieser so attraktiven und literarisch anspruchsvollen Erzählung (vgl. auch die Weiterdichtung durch Thomas Mann) eine ägyptenfreundliche Sichtweise darbietet, die den Handlungsträger Josef als göttlichen Erwählten in geradezu gottähnliche Positionen aufsteigen läßt. Dabei wird er gewissermaßen vom Träumer zum Traumdeuter (vgl. Görg 2000: 5–8) und zugleich zu einer Seherfigur, die sogar den Propheten Israels mit ihrer durchweg ägyptenkritischen Haltung den Rang ablaufen kann. Überdies demonstriert sie – gegenläufig zur Intention der sogenannten Sündenfallerzählung in Gen 3 – daß Erkenntnis von Gut und Böse als die Kompetenz zum kritischen „Durchblick“ keinesfalls nur ins Verderben führen muß, im Gegenteil, den Menschen sogar in lichte Höhen führt, wie man es in Ägypten durchweg für erstrebenswert gehalten hat.

Zur klareren Definition der Bedeutung des ägyptischen Schauens ist wiederum ein Vergleich mit der Dimension des prophetischen Sehens hilfreich. Das prophetische Sehen gilt dem ‚Durchblick‘ in die diesseitige Zeit, ausgestattet mit ureigener mystischer Erfahrung, die einer Herausforderung durch den Gott Israels gleichkommt. Im Zuge dieser immer wieder ausdrücklich und formelhaft auf die Eingabe Gottes zurückgeführten Einsichten können dann auch Ausblicke in die Zukunft geleistet werden, die Details des Kommenden freilich nicht aufdecken, sondern weiterhin verhüllen. Apokalyptiker nehmen auch diese Hürde und versuchen, den letzten Schleier wegzuziehen. Die ägyptischen Sehenden richten ihren Blick auf die von den Göttern vorgezeichneten Bilder der jenseitigen Wirklichkeit, nicht ohne ihren irdischen Vorlagen ausreichend Genüge zu tun. Ihr Hauptaugenmerk gilt nicht der Umkehr lebender Adressaten, sondern dem Geschick der Toten, um freilich die Maßstäbe des Bestehens in der Unterwelt letztendlich auch als Maximen des Verhaltens ins Diesseits zurückzuholen. Der Ägypter nutzt so die Perspektiven des Jenseits für die Direktiven im Diesseits, während der biblische Mensch in Erinnerung an übergreifende mythisch-geschichtliche Widerfahrnisse im Diesseits ein kritisches Schauen in die Gegenwart vollzieht, die Folgen ausmalt und von daher Postulate für ein vertretbares künftiges Zusammenleben setzt. Letzteres als „zitathaftes Leben“ (T. Mann), hier im Sinne eines ausschließlichen Schriftbezugs, zu bezeichnen (vgl.

Assmann 2000: 205f) ist freilich nicht sonderlich glücklich, da sich auch Israel auf den Bahnen mythischer Vorgaben bewegt, ohne sich durchweg und endlich in einer „Gegenwelt des Mythos“ vorzufinden. In beiden Fällen dient gleichwohl das Schauen, ob in den künftigen Tag oder in die künftige Nacht, letztendlich doch der Revision eigenen Verhaltens. In beiden Bereichen bleibt die göttliche Wirklichkeit als die eigentlich und originär schauende erkennbar. Damit offenbart sich jeweils die richtungsweisende Kompetenz der göttlichen Instanz, die sehen und sichten bzw. „auf Herz und Nieren prüfen“ kann.

7. Einigung

Ausgangspunkt dieser letzten Passage zu den Nachtgesichten in Ägypten sind die Eingangsformeln der Reden, die den Verstorbenen im Angesicht der Götter der Unterwelt in den Mund gelegt werden. Die unzählige Male belegte Kombination Osiris NN präsentiert mit dem Gottesnamen mehr als einen Hoheitstitel; die Voranstellung gibt dem Toten vielmehr einen Namen, der für ihn ‚über alle Namen ist‘, ihn die göttliche Mächtigkeit vor sich her tragen läßt und von vornherein so ausweist, daß er im Kreis der Götter des Jenseits als Gleicher unter Gleichen erscheint. So darf er in Totentexten des Neuen Reichs sprechen:

> Öffnet mir, daß ich eintrete in eure Mitte,
> ich bin einer von Euch!
> Gebt, daß mein Ba lebt, mein Leichnam fest ist
> und meine Mumie göttlich ist im Totenreich.
>
> *(Assmann 2001: 85)*

Mit der gleichen Formel, dann aber das Motiv der ‚Gliedervergottung‘ um der Intensivierung seiner Integration in die Götterwelt willen aufnehmend, bekennt der König seine Zugehörigkeit zu den Göttern in der Sonnenlitanei:

Ich bin einer von euch,
ich bin erschienen als Geier.
Mein Gesicht ist ein Falke,
mein Scheitel ist Re.
Mein Augen sind die beiden Frauen,
die beiden Schwestern,
meine Nase ist der Unterweltliche Horus.
Mein Mund ist der Herrscher des Westens,
meine Kehle ist Nun.
Meine beiden Arme sind der Umfangende,
meine Finger sind die Greifer.
Meine Brust ist Chepri,
mein Herz ist Horus-Sunen.
meine Leber ist die Lebendige,
meine Milz ist ‚der mit dem Schnabel',
meine Lungen sind die Atmende.
Mein Magen ist der Öffnende,
mein Eingeweide ist ‚Der mit geheimnisvollem Wesen'.
Mein Rücken ist der Herzensmüde,
mein Rückgrat ist ‚Der auf der Bahre'.
Meine Rippen sind Horus und Thot,
mein Hintern ist die Große Flut.
Mein Phallus ist Tatenen,
meine Eichel ist die Abgeschirmte in Alt Kairo.
Mein Hoden sind die beiden Verborgenen,
meine Schenkel sind die beiden Göttinnen.
meine Waden sind die beiden Leuchtenden,
meine Füße sind ‚der die Geheimnisse durchwandert',
meine Zehen sind Kobraschlangen.
Meine Glieder sind Götter,
ich bin gänzlich ein Gott,
kein Glied von mir ist ohne Gott.
Ich trete ein als Gott, und ich gehe heraus als Gott,
die Götter haben sich in meinen Leib verwandelt …

(Hornung 1989: 175f)

Die Voraussetzung für eine Einverleibung in die Göttlichkeit ist das Wissen um das Geheimnis des Sonnenlaufs, wie dies dem König zukommt:

> Er kennt das Geborenwerden des Re
> und seine Verwandlung in der Flut.
> Er kennt jenes geheime Tor,
> durch das der Große Gott herauskommt,
> er kennt den, der in der Morgenbarke ist,
> und das große Bild, das in der Nachtbarke ist.
>
> *(nach Assmann 2001: 507)*

Kennen und Wissen des Mysteriums sind die Qualitäten, die eine ‚Einigung' mit den Göttern auslösen, die ihrerseits dem Sonnengott huldigen. Assmann (2001: 509) hat diese Eingliederung als liturgische Vereinigung (*unio liturgica)* bezeichnet, um sie zugleich von einer mystischen Vereinigung (*unio mystica)* abzugrenzen: „Es geht nicht um ein Aufgehen in Gott, im Sinne einer *unio mystica*, aber um ein Eintreten in jenseitige Adorantengemeinden im Sinne einer *unio liturgica*". Eine solche liturgische Vereinigung ist von einer „rettenden Kraft" beseelt, die „verklärende" Wirkung hat und vom endgültigen Tod befreit.

Assmann ist gewiß im Recht, wenn er davor zurückscheut, eine solche geheime Integration in die Götterwelt im liturgischen Vollzug als ‚mystische Einigung' anzusprechen, die bereits zu Lebzeiten vollzogen würde. Die sogenannte Immanenztheologie in Texten des Neuen Testaments (Johannesevangelium, Paulusbriefe) spricht hier eine weitergehende Sprache, da sie die Einheit Jesu mit dem Vater (Joh 10,30) als Sein des Vaters im Sohn und des Sohnes im Vater (10,38) beschreibt und auch darin kennzeichnet, daß der Sohn den Vater „kennt" (10,15). Wenn Paulus sagt: „Nicht mehr ich lebe, sondern Christus lebt in mir" (Gal 2,20) setzt er den Akzent, der über den Wunsch nach Ineinssetzung hinausgreift. Auf dieser Basis fügt die abendländische Mysterientheologie den antiken Mysterienkulten noch den Glauben an die Innigkeit der Vergegenwärtigung und Einigung im liturgischen Geschehen hinzu, da sich Gott selbst in der Gemeinde der Gläubigen und in der Seele jedes Teilnehmers einfindet. Der Weg der Seele zu Gott, das *Itinerarium mentis ad Deum* (Bonaventura) wird letzten Endes von einer gnadenhaften Zuwendung und Einvernahme des Menschen von Gott her eingeholt und überholt, so daß es eigentlich auch keiner noch so ausgeklügelten liturgischen Anstrengung oder Meditationspraxis bedarf. Die „Gottesgeburt in der Seele“ , wie sie Meister Eckhart in seinen Deutschen Predigten versteht, ist gewiß nicht identisch mit der „Gottesgeburt“, wie sie der Sonnengott vollzieht oder dem König zuteil werden läßt, da es hier um eine Einbeziehung des Herrschers in den kosmischen Zusammenhang geht. In dieser Beziehung ist es gerechtfertigt, von einer *kosmischen Mystik* zu reden, wenn sich der Mensch sehend vergewissert, daß der Schöpfergott in allem Sein präsent ist. Die jüdisch-christliche Traditionslinie nimmt darin einen ägyptischen Faden auf, daß sie wie im Hohen Lied oder im Psalm 104 (vgl. hier besonders den Sonnenhymnus des Echnaton) Natur und Natürlichkeit als Merkmale göttlicher Allgegenwart versteht, eine kosmische Orientierung, wie sie u. a. auch die franziskanische Theologie aufgenommen hat (Sonnengesang des Franziskus). Der Mystiker der abendländischen Tradition erfährt sich in erster Linie als Getroffener von der Gnade Gottes, von der er sein Herz öffnen läßt. Nicht Wissen, sondern das Bekenntnis zum Unwissen vor Gott ist sein Erkennungszeichen.

In Ägypten bleibt menschliches Wissen indessen eine notwendige Präsumption, das Kennen der ‚Verklärung‘ und ihrer Wege, die Einsicht in das Geheime, die allerdings zugleich den Uneingeweihten vor der Tür läßt. Für den grundsätzlichen Einstieg in mystische Erfahrungen hat Ägypten jedoch die Türen ein für allemal geöffnet. Die Idee der „Gotteserfülltheit der Welt“ (Assmann 1969: 260) hat hier ihren religionsgeschichtlichen Grund.

Nachbetrachtung

Unser Durchgang durch die Welt-Anschauung der Ägypter, genauer die visionäre Mitfahrt mit dem Schöpfergott vom Morgen der Zeit als der Phase des lebensschaffenden Aufstiegs über die strahlende lebensbewahrende Mittagszeit bis zum lebensgefährdenden Abend, dem Übergang in die Nachtzeit, soll auch darin zum Anfang zurückkehren, daß wir uns wieder bei der Darstellung des Wenamun einfinden, der uns in der Einführung geradezu als Anwalt und Werbeträger für eine über Ägypten hinausgreifende Verehrung des Amun erschienen ist. Mag schon der Name des Wenamun programmatisch diese Reverenz ausdrücken, zumal er zumindest als Möglichkeit mit „Einzigartig ist Amun" wiedergegeben werden kann, so ist es noch mehr die wachsende Intensität seiner Sprechakte, die der universalen Kompetenz des ägyptischen Hochgottes das Wort reden. Zunächst beschränkt sich der Reisende lediglich darauf, seine Auftragstätigkeit darzustellen, das Bauholz „für die große, herrliche Kultbarke des Amun-Re" zu beschaffen, um dann nach seiner Beraubung auf asiatischem Territorium dem Fürsten des Landes der Tjeker, d. h. des Seevolkes der Sikeloi, zu verdeutlichen, daß das Raubgut eigentlich dem „Amun-Re, dem König der Götter, dem Herrn der Länder" gehöre und natürlich dem regierenden Pharao Smendes und dem in Theben regierenden Herihor sowie den „anderen Großen Ägyptens", freilich auch den ortsansässigen Autoritäten, wie vor allem dem Adressaten und dem Tjeker-Baal, dem Fürsten von Byblos. Danach verstößt es nach Meinung des Wenamun sozusagen gegen internationales Recht, wenn man ihn beraubt, vor allem aber gegen das prominenteste Besitzrecht, das des Götterkönigs selbst, dem doch dank seiner Schöpfertätigkeit die ganze Welt gehört. Dieser Aspekt wird in der weiteren Rede vor dem Fürsten von Byblos betont, da Amun als Generaleigentümer auch den ausländischen Potentaten Respekt abnötigen soll (Texte nach Hornung 1996: 48–55):

Es gibt kein Schiff auf dem Strom,
das nicht dem Amun gehört.
Sein ist das Meer
und sein ist der Libanon,
von dem du sagst:
‚Mir gehört er'.

Zugleich drückt er alle Hoffnung auf Entgegenkommen aus, da er sich von Amun in jeder Weise autorisiert fühlt:

Amun-Re, der König der Götter,
ist der Herr des Lebens und der Gesundheit,
er war auch der Herr deiner Väter,
und sie haben ihr Leben lang dem Amun geopfert.
Auch du, du bist ein Diener des Amun!

Dieser Inanspruchnahme des fremden Landesfürsten folgt denn auch eine Art bedingter Segensverheißung, jedoch auch eine dringende Anmahnung, die schon in eine Drohung mündet:

Wenn du seinen Auftrag ausführst,
wirst du leben, heil und gesund sein,
wirst du deinem ganzen Land
und deinem Volk Gutes erweisen.
Begehre nicht das,
was dem Amun, dem König der Götter, gehört,
denn wahrlich, ein Löwe liebt sein Eigentum.

Die Zuspitzung wird gleichwohl erreicht, da Wenamun an das ‚Geschichtsbewußtsein' und die Herrscherautorität des Fürsten von Byblos appelliert, um doch noch Erfolg zu haben. Dieser sollte sich doch darauf freuen, einen Denkstein folgenden Inhalts zur eigenen Glorie errichten zu können:

Amun-Re, der König der Götter, hat mir
den Amun des Weges, seinen Boten,
und den Wenamun, seinen menschlichen Boten,
gesandt wegen des Bauholzes
für die große herrliche Barke
des Amun-Re, des Königs der Götter.
Ich habe es gefällt,
ich habe es verladen;
ich habe ihn mit meinen Schiffen
und mit meinen Mannschaften ausgerüstet,
und ich habe sie nach Ägypten ziehen lassen,
um mir von Amun fünfzig Lebensjahre zu erbitten,
über das hinaus, was mir bestimmt ist.

Ganz der ägyptischen Tradition zur Würdigung der eigenen Taten auf Monumenten verpflichtet, bietet Wenamun dem Fürsten auch einen Ausblick auf jenseitige Beglückung an:

Geschieht es dann eines späteren Tages,
daß ein Bote aus dem Land Ägypten herkommt,
der schriftkundig ist
und deinen Namen auf dem Denkstein liest,
dann wirst du Wasser des Westens empfangen,
wie es die seligen Toten tun.

Damit hat Wenamun alles zum Ausdruck gebracht, was der ehrerbietige Dienst am Götterkönig auch für einen Landesfremden einbringen würde. Asiaten, die in ägyptische Dienste traten und dazu der Religion der neuen Herren folgten, gab es ja genug. Auch sie konnten, wie z. B. der berühmte Truchseß Ramsesemperre, ein landesübliches Begräbnis in Ägypten finden. Kolonisierte Ägypter sind ihrerseits u. a. im Friedhof von Deir el Balah, Südpalästina, bestattet worden. Warum sollte nicht auch Tjeker-Baal trotz seiner im Blick auf den Namen möglichen Anhängerschaft an den kanaanäischen Baal in den Genuß der Partizipation am Elysium kommen und von der ‚Baumgöttin' das Lebenswasser empfangen?

So könnte man auf den ersten Blick das religiöse Bekenntnis des Wenamun als eindringliches Plädoyer für den

Glauben an den Allherrn Amun auffassen und wie einleitend geschehen als die charakteristische Botschaft der Erzählung gelten lassen. All diesen beeindruckenden Eulogien, Doxologien, aber auch Apologien des Götterkönigs steht freilich das Schicksal des Wenamun selbst gegenüber, dessen Reise am Ziel mit einer Beraubung beginnt, mit diversen Schikanen fortgesetzt und mit frustrierenden Diskussionen gefüllt ist, bis er letztendlich außer Landes geschickt wird, ohne auch nur im Geringsten Erfolg zu haben. Überdies ist uns das Ende der Erzählung nicht erhalten, so daß wir nicht erfahren, ob Wenamun überhaupt Ägypten erreichen konnte oder welches Nachgeschick ihn dort erwartete. Dennoch hat es den Anschein, als sei das Wesentliche gesagt und für die kritische Wertung bereitgestellt.

Angesichts der negativen Rahmenbedingungen, denen die Reise des Wenamun unterworfen wird, möchte man daher Zweifel anbringen, ob überhaupt eine vorrangig religiös motivierte Erzählung vorliegt, geschweige denn eine Darstellung, die irgendetwas Besonderes mit kosmischer Mystik zu tun haben könnte. Sie erscheint ja in ihrem Gesamtzusammenhang vielmehr wie ein Abgesang auf alle erhabene Reflexion über die Sonnenbarke im Diesseits und Jenseits; geblieben ist nur eine nostalgische Erinnerung an eine verlorene Größe Ägyptens, versinnbildet in der Barke des Amun in Karnak, für die die Gegenwart nicht einmal das Bauholz ohne Hindernisse bereithält. Dazu mag stimmen, daß die Erzählung allerlei Auskünfte über zeitgenössische Realien im Verhältnis zwischen Ägypten und den östlichen Nachbarstaaten bereitzuhalten scheint, die das Gewicht des Ganzen eher auf Informationen und Reflexionen zur Zeitgeschichte ruhen lassen (vgl. dazu zuletzt Egberts 1998).

Geradezu kontraproduktiv zum erhabenen Trend der Reverenzerweisung ist die provokative Erinnerung, die der Byblosfürst mit seinem Hinweis auf das Schicksal einer früheren ägyptischen Gesandtschaft ausdrückt. Diese hätte sogar 17 Jahre in seinem Land verbracht, ohne zurückkehren zu können. Der Fürst will Wenamun sogar das Grab der Ägypter zeigen lassen, was dieser aber ablehnt, um zugleich nochmals auf seine ‚göttliche' Begleitung zu verweisen. Nicht in Ägypten bestattet zu sein gilt dem ägyptischen Fremdling normalerweise als große Schmach, die mit einem Besuch am Grabe noch verstärkt würde. Dennoch will Wenamun dem Landesherrn noch eine Jenseitsperspektive offen halten!

Man könnte hier eine grundsätzliche Differenz ausmachen, die der Erzählung eine über alle zeitgenössischen Informationen hinaus wirksame Dimension vermitteln würde. Sieht man auf der einen Seite die Relevanz des Mythos von der universalen Gottesherrschaft des Amun-Re, könnte man auf der anderen Seite die *facta bruta* der menschlichen Geschichte und bitteren Realität zur Kenntnis nehmen müssen, um in der Erzählung eine Demonstration des Widerspiels der beiden Erfahrungswirklichkeiten zu erkennen. Diese Sichtweise würde allerdings voraussetzen, daß man von vornherein einen definitiven Kontrast zwischen Mythos und Geschichte aufbaut, der nun keineswegs mit der gleichen Vehemenz zu halten ist, wie man früher meinte. Auch die Zeichnung von Geschichte, selbst wenn sie wie im ‚Wenamun' mit reichlichem Material zu Zeit und Raum gespickt ist, kommt nicht ohne Deutung des Vergangenen aus. Dies gilt nicht nur für die indirekt vermittelten Herrschaftsansprüche eines Smendes oder des Hohenpriesters Herihor, sondern auch für die Position der Amunsbarke in Karnak, deren Neugestaltung zwar historisch verbürgt zu sein scheint, in der Erzählung jedoch darüber hinaus als Anlaß zu einer grundsätzlichen Rollenbestimmung genutzt worden ist. Auch die Geschichtsschreibung ist unter der Faszination des Mythos geschehen, der seinen Bann auch auf die Wiedergabe scheinbar nur historischer Details ausdehnt.

Wenn es sich in Wirklichkeit nicht um einen Widerstreit zwischen Mythos und Geschichte handelt, der in der Erzählung einen literarischen Niederschlag findet, wird nach der Vereinbarkeit gerade der negativen Befindlichkeitsaussagen mit der grandiosen Amuns-Reflexion zu fragen sein.

Das Schicksal des Wenamun auf asiatischem Boden, die

Konfrontation mit dem Tod der früheren Gesandtschaft aus Ägypten, vor allem aber die Mißachtung des Amun, nicht nur der Barke in Karnak, sondern auch der Statue des ‚Amun des Weges' mit den Schwierigkeiten, die Amun und seiner Begleitung in den Weg gelegt werden, sind allem Anschein nach Facetten einer Szenerie, die auf anderem Niveau nach unseren bisherigen Einsichten auch auf der Fahrt des Sonnengottes in der Welt des diesseitig sichtbaren Himmels und im ‚Gegenhimmel' (Sethe 1928: 260) zu beobachten ist. Auch dem Sonnengott und seiner Assistenz stellen sich die Widerstandskräfte in Gestalt des Apophis und der Widergötter entgegen; sie stellen ein selbstverständliches Potential der Störung dar, das ebenso selbstverständlich aus dem Weg geräumt wird. Die magische Kompetenz der Sehenden und Wissenden konnte ja jenen wirksamen Einfluß ausüben, der jedem Toten die bezwingende Kraft des Sonnengottes zusprechen sollte.

Demnach wären die Gesamtheit der Hindernisse auf der Asienreise des Wenamun als zwangsläufige Obstruktion zu betrachten, die zur Bedrohung des Sonnengottes im Mythos in Parallele zu setzen wäre. Diese Annahme könnte durch weitere Punkte gestützt werden. Es ist schon anfangs darauf verwiesen worden, daß sich Wenamun mit dem ‚Amun des Weges' in Richtung auf das asiatische Festland bewegt, das nach ägyptischer Auffassung im Nordosten liegt und traditionell zu den Ländern gezählt wird, die dem Sonnenaufgang am nächsten liegen. In diesem Sektor der Welt sind denn auch alle mythischen Mächte konzentriert, die den alltäglichen Sonnenaufstieg zu behindern trachten. Die Fürsten von Dor und Byblos, nicht zuletzt auch das Seefahrervolk der Tjeker, geraten so über ihre historisch durchaus begründbare Rolle hinaus zu Repräsentanten des mythischen Widerstands gegenüber einem Anspruch, den Amun-Re ägyptischer Auffassung gemäß stellen und ausüben muß. Die Taktik der Fürsten und ihrer Helfershelfer wäre so nichts anderes als eine Historisierung des Mythos oder noch eher als die literarische Umsetzung des mythischen Konzepts einer permanenten Bedrohung aus dem Osten zu verstehen. Kein Wunder, daß sich jeder Anwalt des Sonnengottes auch dieser Herausforderung zu stellen hat.

Diese Möglichkeit der Interpretation würde freilich noch mehr Attraktivität erhalten, wenn über das Schicksal des Wenamun letztendlich mehr bekannt gemacht worden wäre. Die negativen Erfahrungen führen gleichwohl zu einer Frustration, die es noch aus einem weiteren Grund fraglich oder wenigstens unbefriedigend erscheinen lassen, daß der Autor ausschließlich die Konfrontation des ‚gerechten' Amun-Anhängers mit einer rigiden Gegnerschaft thematisieren wollte. Der Text redet nämlich noch einer anderen, unleugbaren Wirklichkeit auf eigene Weise das Wort, der Realität des Todes. Da ist der Hinweis auf das Grab der vorgängigen ägyptischen Gesandtschaft, vor allem aber die Todesdrohung, die Wenamun selbst mehr oder weniger deutlich zuteil wird. Selbst noch auf der augenscheinlich vorletzten Station seiner Rückkehr auf der Insel Zypern gerät er in Lebensgefahr, aus der ihn die Fürstin Hateb rettet. Diese Hinweise lassen es als geraten erscheinen, die nüchterne Begegnung mit dem Tod als literarische Widerspiegelung jenes Konfliktes wahrzunehmen, der sich grundsätzlich mit dem ägyptischen Jenseitsglauben verbindet. Der Ägypter weiß ja seit jeher, daß der Tod keineswegs hinwegdiskutiert oder magisch so bezwungen werden kann, daß seine Realität keine Rolle mehr spielte. Die sogenannte pessimistische Literatur, wie u. a. das berühmte Gespräch eines Mannes mit seinem Ba, die Harfnerlieder oder die Texte des Petosiris-Grabes vermögen einen Eindruck von der Provokation zu geben, die der Tod auch für den Jenseitsgläubigen mehr und mehr dargestellt hat und darstellen mußte.

Insoweit könnte man auch die Wenamun-Erzählung bei aller Reverenz vor der darin enthaltenen Preisung des Sonnengottes auch als Klageerzählung auffassen, die dem einstmaligen Überwiegen der Euphorie im Gedenken an Amun-Re nachtrauert, wenn nicht die ironische Teilnahme am Schicksal Wenamuns durch den Aktenschreiber des Fürsten und diesen selbst auch diese Interpretation relativieren würde. Immerhin bleibt aber der Tod an sich das Schreckbild, dem der Wunsch des Wenamun die erstrebenswerte Seligkeit der Toten entgegenstellt und so dem Grundansatz der ägyptischen Totenliturgie Genüge tut.

Der Ägypter Wenamun und seine Kontrahenten in Asien, der leidenschaftliche Befürworter der weltweiten Reverenz vor Amun, auch von seinen Feinden, schließlich der Widerstreit von Leben und Tod, auf all diesen Ebenen bewegt sich die literarische Darstellung des Wenamun, die sich so dem noch aktuellen Streit über die Gattung der Erzählung als einer historischen oder fiktiven Darstellung enthebt. Historische Bezüge und interpretierende Rollenbeschreibung um tieferer Einsichten willen müssen nicht in unzumutbare Konkurrenz zueinander geraten.

Ein Schlüssel zum Verständnis des Zusammenhalts unter den genannten Perspektiven scheint in einem Erzählzug zu liegen, der immer wieder, freilich so gut wie ausschließlich unter religionshistorischem Gesichtspunkt, Interesse gefunden hat. Es geht um die Szene, da nach Ankunft des Wenamun in Byblos eine Gestalt aus der Umgebung des opfernden Byblosfürsten wie ein Ekstatiker auftritt. Der Text läßt diesen Mann eine Botschaft vermitteln, die offenbar an den Fürsten gerichtet ist:

> Bring den Gott hinauf!
> Bring den Boten, den er bei sich hat!
> denn Amun ist es, der ihn gesandt hat,
> er ist es doch, der ihn kommen ließ.

Rätselhaft erscheint zunächst die hieroglyphische und singuläre Bezeichnung des Sprechers als „Großer Junge" (ägypt. *'ḏd '3*) belegt, die zu allerlei Spekulationen Anlaß gegeben hat. Zur Erklärung ist auf ein mögliches Mißverständnis seitens der ägyptischen Rezipienten der Erzählung hingewiesen worden, da in Wahrheit ein semitisches Fremdwort für einen Seher vorliege (aram. *'dd* oder hebr. *ḥozaeh*, vgl. dazu u. a. Görg 1977). Neuerdings möchte man wiederum lieber bei einer ägyptischen Interpretation bleiben und von einem jungen Mann oder einem Offizianten (Priester) geredet sehen. Es scheint geraten, beide Standpunkte zu würdigen. Der Erzähler konnte gewiß auf eine semitische Bezeichnung eines „Sehers“ oder Ekstatikers zurückgreifen, was seiner auch sonst nachweisbaren Operation mit fremden Namen und Sachen entspricht. Aber auch die vom Ägypter möglicherweise beigelegte Sinngebung ist zu respektieren, da sie dem Rechnung trägt, was wir früher über das mythologische Bild des Pharao bedacht haben, der bereits als Kind von Amun erwählt ist und die Fähigkeit zum Durchblick besitzt. Für ägyptische Ohren konnte der ekstatisch begabte Botschafter des Amun wie ein Pharao auf fremdem Boden wirken, von denen die Vorgeschichte des Neuen Reiches viele Beispiele in Erinnerung gelassen hatte. Für unseren Zusammenhang ist indes entscheidend, was der so oder so berufene Sprecher Amuns zu sagen hat. Das Kultbild „Amun des Weges“ und der Bote Wenamun sollen vom Fürsten hinaufgebracht werden, denn Amun sei der wahre Absender und Auftraggeber. Ob hier eine Anspielung auf die eigentliche Rolle Amuns als Dirigent des Weltgeschehens und seines Boten als Vertreter des Pharao vorliegt, so daß es angemessen wäre, beide ihres kosmischen Weges gehen zu lassen? Der Appell des ‚Sehers‘ oder ‚Priesters‘ wäre dann vergleichbar mit der Bemühung des Offizianten bei der Totenliturgie, der Fahrt der Barke im Jenseits einen ungehinderten Ablauf zu gewährleisten. Beide wollen ja wohl den möglichen Gefahren für Leib und Leben entgegensteuern. Mit dieser Erwägung befinden wir uns allerdings weit außerhalb einer Gewichtung der Erzählung als eines ‚bloß‘ historiographischen Dokuments. Auch können wir einer Charakteristik nicht ohne weiteres zustimmen, wie sie etwa G. Moers (1995: 874) vorgenommen hat, wonach die Reise des Wenamun, „gleichbedeutend mit einer Überprüfung der Funktionabilität des ägyptischen Weltbildes“, sei, die „einen völligen Identitätsverlust Wenamuns nach sich“ ziehe. Wie kann man einen „Identitätsverlust“

ansetzen, wenn Wenamun noch am erhaltenen Erzählungsende von sich definitiv als „der Bote des Amun“ spricht?

Der Ekstatiker, dessen Funktion im übrigen mehrfach durch das hieroglyphische Determinativ eines tanzenden Menschen ausgewiesen wird, versteht sich offenbar auf ein Wissen und Schauen, ein Vorzug, der sich mit den Kennern der kommenden Wege berührt. Als Ekstatiker ist er aber auch ein Mystiker, so daß wir uns nunmehr wieder in der unmittelbar angehenden Fragestellung bewegen, von der wir nun scheinbar abgekommen sind. Zusammenfassend sei vorgeschlagen, in dem proägyptischen Protagonisten Wenamun eine Repräsentation des Pharao und in dem Ekstatiker einen liturgischen Fürbitter zu sehen, während das Kultbild „Amun des Weges“ den Götterkönig von Theben gegenwärtig macht und die Asiaten die vielseitigen Störungsbemühungen manifestieren. Die ganze Erzählung wäre ein narratives Schauspiel zur Deutung des kosmischen Geschehens nach seinen Höhen und Tiefen, im echten Sinne eine mythologische Erzählung.

Die Wenamun-Erzählung spielt auf asiatischem Boden, mithin im Ausland. Sie steht damit räumlich und auch zeitlich dem Auftritt weiterer Individualisten nicht fern, die wir die Propheten Israels nennen. Den Propheten ist ebenfalls eine Reflexionstiefe eigen, die sie als Visionäre gegenüber den Zeitgenossen auftreten läßt, wie bereits der Ekstatiker einen kritischen Appell in Zeichen und Wort zum Ausdruck bringen kann. Wie der Sprecher im Namen Amuns ist der prophetische Sprecher beauftragt, der Würde und Weisung des höchsten Gottes von Grund auf Genüge tun zu lassen.

Der Ekstatiker von Byblos vermittelt so zwischen der Position und Funktion der ägyptischen Kenner, Wissenden und Schauenden einerseits und der vorklassischen und klassischen Prophetie auf palästinisch/israelitischem Boden andererseits. Überdies werden die Wege geebnet, um die ägyptogenen Dimensionen mystischer Gottbegegnung über das Ursprungsland hinaus im Mittelmeerraum und darüber hinaus bekannt zu machen.

Die ägyptische Mystik lebt von einer Einverleibung in den Kosmos her. Die Lebensvollzüge sind nicht ohne das sich ständig wiederholende Wirken des höchsten Gottes denkbar, der alles Lebende sieht und kennt. „Paradoxerweise wird gerade diejenige Gottheit, deren Erscheinen in der Welt am sichtbarsten zu demonstrieren ist, zum Inbegriff letzter Unerkennbarkeit" (Koch 1993: 645). Die Konstituierung allen Daseins wird dadurch stets aufs Neue vollzogen, daß eine Heimkehr zu den Anfängen geschieht. Regeneration geschieht offenbar immer wieder aus der totalen Entfremdung vom Leben, die der Tod bedeutet.

Der Tod, dem Wenamun aus dem Wege geht, da er das Grab der Vorgänger nicht sehen will, um anschließend von den Freuden des Jenseits zu reden, ist für den ägyptischen Mystiker Inbegriff der Verlorenheit und Nichtigkeit. Ihm dient die Totenliturgie zur Umgehung dieser Realität; eine Aussöhnung mit dem Tod als Feind scheint er nicht zu kennen. Gerade weil der Tod letztlich doch unumgänglich bleibt, wird er immer wieder Auslöser des Nachsinnens über Mittel und Wege zu seiner Überwindung. Der Weg zur Bewältigung des Todes ist die Religion. Der Tod ist darum gewiß ein „Kulturgenerator" (Assmann 2001: 2–11), näherhin wohl sogar ein ‚Religionsstifter', damit auch Beweggrund einer kosmischen Mystik, die Gott ‚alles in allem' sein läßt. Während die abendländische Mystik mit dem Tod eine Intimbeziehung eingehen kann, durch glaubende Versenkung in die unausweichliche Wirklichkeit den Frieden der Seele darin findet, daß Gott als Sieger über den Tod in das eigene Innere einzieht, um dort Wohnung zu nehmen und selbst die Regie zu ergreifen, verliert auch der Tod seinen Schrecken. Eine Ahnung von dieser transkosmischen Mystik bietet bereits eine exzeptionelle Textpassage über den Tod, der im „Gespräch eines Mannes mit seinem Ba" zu finden ist (nach Assmann 2001: 498f):

Der Tod steht heute vor mir,
(wie) wenn ein Kranker gesund wird,
wie das Hinaustreten ins Freie nach dem Eingesperrt-
sein.

Der Tod steht heute vor mir
wie der Duft von Myrrhen,
wie das Sitzen unter einem Segel an einem windigen
Tag.

Der Tod steht heute vor mir
wie der Duft von Lotosblumen,
wie das Sitzen am Ufer der Trunkenheit.

Der Tod steht heute vor mir
wie das Abziehen des Regens (oder: wie ein betretener
Weg),
wie wenn ein Mann von einem Feldzug heimkehrt.

Der Tod steht heute vor mir,
wie wenn sich der Himmel enthüllt,
wie ein Mann, der aufgeklärt wird (??) dort in bezug auf
das, was ihm unbekannt war.

Der Tod steht heute vor mir,
wie ein Mann sich danach sehnt, sein Haus wiederzu-
sehen,
nachdem er viele Jahre in Gefangenschaft verbracht
hat.

Dem großen abendländischen Repräsentanten einer kosmischen Mystik, Nikolaus Cusanus, wird nachgesagt, er habe angesichts des nahenden Todes das Wort Psalm 124,7 zitiert: *Laqueus contritus est et nos liberati sumus* („Der Fallstrick ist zerrissen und wir sind frei“). In kosmischer Poesie formuliert E. Langgässer: „Mündung wird Quelle, welche sich auftrinkt und schlürft“ (Hinweis von E. Hafner). Auch angesichts der Unausweichlichkeit des Todes leben noch wir Späteren vom ägyptischen Glauben an den Sieg des Lebens über den Tod dank einer kosmischen Mystik, die in Ägypten grundgelegt worden ist.

Abbildungsnachweis

Abb. 1: Amunsbarke, Karnak, nach Piankoff 1957: 18, Fig. 1
Abb. 2: Phasen des Sonnenlaufs, nach Assmann 1984 b: 1088
Abb. 3: Sonnenlauf auf Skarabäus, Nachzeichnung: M. Bürgle
Abb. 4: Nut, Geb und Schu, nach Morenz 1965: 131, Abb. 40
Abb. 5: Himmelsgöttin auf Sargdeckel, nach Hornung 1990: 106
Abb. 6: Vorwelt und Sonne, nach Hornung 1990: 109
Abb. 7: Sonnengeburt, nach Hornung 1989: 487, Abb. 112
Abb. 8: Feindüberwindung auf Skarabäus, Nachzeichnung: M. Bürgle
Abb. 9: Nilgans, nach M. Görg, ÄAT 5, 1983, 171, Abb. 2
Abb. 10: Nilgänse, nach Görg 1997: 103, Abb. 11
Abb. 11: Thronender Osiris, nach Rambova 1957: 60, Fig. 46
Abb. 12: Lotospflanze auf Skarabäus, Nachzeichnung: M. Bürgle
Abb. 13: Phasen des Sonnenlaufs, nach Brugsch 1884: 215/216
Abb. 14: Phasen des Sonnenlaufs, nach Rambova 1957: 49, Fig. 33
Abb. 15: Reichstriade und Ramses II., Nachzeichnung: Gisela Haeggberg
Abb. 16: Ohrenstele, nach Schlichting 1982: 565
Abb. 17: Amunsdevise, nach M. Görg, ÄAT 5, 1983, 171, Abb. 1
Abb. 18: Königsname in Sonnenscheibe, nach Hornung 1990: 110
Abb. 19: Königsmutter und Amun, nach Keel 1972: 226, Abb. 333
Abb. 20: Kumulative Magie (Metternichstele), nach Sternberg-El Hotabi 1998: 25–70.
Abb. 21: Himmelskuh, Anonymus 1926: 8f
Abb. 22: Sonnenauf- und -untergang, nach Rambova 1957: 39, Fig. 23
Abb. 23: Sonnenauf- und -untergang, nach Rambova 1957: 40, Fig. 24
Abb. 24: Atum auf der Barke, nach Hornung 1989: 204, Abb. 16
Abb. 25: Atum und der König, nach Mysliwiec 1978: 107, Abb. 65
Abb. 26: Totenklage und Mundöffnung, nach Hornung 1990: 194
Abb. 27: Sonnenlauf, nach Schäfer 1935: 27, Abb. 13
Abb. 28: Atum und Apophis, nach Hornung 1989: 215, Abb. 23
Abb. 29: Atum und Apophis, nach Hornung 1989: 130, Abb. 7
Abb. 30: Der Tote und Apophis, nach Keel 1992: 248, Abb. 230c
Abb. 31: Totengericht, nach Seeber 1976: Abb. 13
Abb. 32: Gerichtshalle, nach Hornung 1989: 239, Abb. 34

Abb. 33: Belebung des Toten, nach Rambova 1957: 60, Fig. 47
Abb. 34: Baumgöttin, nach Hornung 1990: 85
Abb. 35: Inthronisation des Osiris, nach Rambova 1957: Fig. 45
Abb. 36: Elysium, Grab des Sennedjem, nach Otto/Hirmer 1966: 115 Taf. 15

Literatur

Altenmüller 1984:
H. Altenmüller, Pyramidentexte, in: Lexikon der Ägyptologie V, 1984, 14–23.

Altenmüller 1996:
H. Altenmüller, Zu Isis und Osiris, in: M. Schade-Busch (Hg.), Wege öffnen. Festschrift für Rolf Gundlach (Ägypten und Altes Testament 35), Wiesbaden 1996, 1–17.

Anonymus 1926:
K. Sethe (?), Das Buch von der Himmelskuh. Text nach den Inschriften in den Graebern Sethos I und Ramses III zu Theben, Berlin 1926.

Assmann 1969:
J. Assmann, Liturgische Lieder an den Sonnengott. Untersuchungen zur altägyptischen Hymnik I (Münchner Ägyptologische Studien 19), Berlin 1969.

Assmann 1970:
J. Assmann, Der König als Sonnenpriester. Ein kosmographischer Begleittext zur kultischen Sonnenhymnik in thebanischen Tempeln und Gräbern (Abhandlungen des Deutschen Archäologischen Instituts Kairo, Ägyptologische Reihe 7), Glückstadt 1970.

Assmann 1975:
J. Assmann, Aretalogien, in: Lexikon der Ägyptologie I, 1975, 425–434.

Assmann 1976:
J. Assmann, Das Bild des Vaters im Alten Ägypten, in: H. Tellenbach (Hg.), Das Vaterbild in Mythos und Geschichte, Berlin–Köln–Mainz 1976, 12–49 = Ders., Stein und Zeit. Mensch und Gesellschaft im alten Ägypten, München 1991, 96–137.

Assmann 1977:
J. Assmann, Die Verborgenheit des Mythos in Ägypten, in: Göttinger Miszellen. Beiträge zur ägyptologischen Diskussion 25, 1977, 7–43.

Assmann 1982:
J. Assmann, Muttergottheit, in: Lexikon der Ägyptologie IV, 1982, 266–271.

Assmann 1983a:
J. Assmann, Sonnenhymnen in thebanischen Gräbern, Mainz 1983.

Assmann 1983b:
J. Assmann, Re und Amun. Die Krise des polytheistischen Weltbilds im Ägypten der 18.–20. Dynastie (Orbis Biblicus et Orientalis 51), Freiburg/Schweiz–Göttingen 1983.

Assmann 1984a:
J. Assmann, Schöpfung, in: Lexikon der Ägyptologie V, 1984, 677–690.

Assmann 1984b:
J. Assmann, Sonnengott, in: Lexikon der Ägyptologie V, 1984, 1087–1094.

Assmann 1986:
J. Assmann, Verklärung, in: Lexikon der Ägyptologie VI, 1986, 998–1006.

Assmann 1996:
J. Assmann, Zur Geschichte des Herzens im Alten Ägypten, in: G. Berkemer – G. Rappe, Das Herz im Kulturvergleich (Lynkeus. Studien zur Neuen Phänomenologie 3), Berlin 1996, 143–172.

Assmann 1999:
J. Assmann, Ägyptische Hymnen und Gebete, 2. Auflage, Freiburg/Schweiz–Göttingen 1999.

Assmann 2000a:
J. Assmann, Es bleibt die Unterscheidung zwischen wahrer und falscher Religion, in: Frankfurter Allgemeine Zeitung vom 28. Dezember 2000, Nr. 301, 54.

Assmann 2000b:
J. Assmann, Religion und kulturelles Gedächtnis, München 2000.

Assmann 2001:
J. Assmann, Tod und Jenseits im Alten Ägypten, München 2001.

Barta 1984:
W. Barta, Re, in: Lexikon der Ägyptologie V, 1984, 156–180.

Brugsch 1884:
H. Brugsch, Religion und Mythologie der alten Aegypter, Erste Hälfte, Leipzig 1884.

Brunner 1958:
H. Brunner, Gerechtigkeit als Fundament des Thrones, in: Vetus Testamentum 8, 1958, 426–428 = Ders., Das hörende Herz. Kleine Schriften zur Religions- und Geistesgeschichte Ägyptens (hg. von W. Röllig) (Orbis Biblicus et Orientalis 80), Freiburg/Schweiz–Göttingen 1988, 393–395.

Brunner 1970:
H. Brunner, Die Sonnenbahn in ägyptischen Tempeln, in: A. Kuschke – E. Kutsch, Archäologie und Altes Testament (Festschrift für Kurt Galling), Tübingen 1970, 27–34.

Brunner 1975:
H. Brunner, Ägyptische Texte, in: W. Beyerlin, Religionsgeschichtliches Textbuch zum Alten Testament (Grundrisse zum Alten Testament 1), Göttingen 1975, 29–93.

Brunner 1988:
H. Brunner, Altägyptische Weisheit. Lehren für das Leben, Zürich 1988.

Derchain 1975/76:
P. Derchain, Perpetuum mobile, in: Miscellanea J. Vergote (Orientalia Lovaniensia Periodica 6/7), Louvain 1975/76, 153–161.

Drewermann 1989:
E. Drewermann, „Ich steige hinab in die Barke der Sonne". Alt-Ägyptische Meditationen zu Tod und Auferstehung in bezug auf Joh 20/21, Olten–Freiburg 1989.

Edel/Wenig 1974:
E. Edel – S. Wenig, Die Jahreszeitenreliefs aus dem Sonnenheiligtum des Königs Ne-user-re.Tafelband mit einer Textbeilage (Staatliche Museen zu Berlin. Mitteilungen aus der Ägyptischen Sammlung VII), Berlin 1974.

Egberts 1998:
A. Egberts, Hard Times: The Chronology of „The Report of Wenamun" Revised, in: Zeitschrift für Ägyptische Sprache und Altertumskunde 125, 1998, 93–108.

Görg 1975:
M. Görg, Gott-König-Reden in Israel und Ägypten (Beiträge zur Wissenschaft des Alten und Neuen Testaments 105), Stuttgart 1975.

Görg 1977:
M. Görg, Der Ekstatiker von Byblos, in: Göttinger Miszellen. Beiträge zur ägyptologischen Diskussion 23, 1977, 31–34.

Görg 1983:
M. Görg, „Persönliche Frömmigkeit" in Israel und Ägypten, in: M. Görg (Hg.), Fontes atque Pontes. Eine Festgabe für Hellmut Brunner (Ägypten und Altes Testament 5), Wiesbaden 1983, 162–185.

Görg 1991:
M. Görg, Josua (Die Neue Echter Bibel. Kommentar zum Alten Testament mit der Einheitsübersetzung, Lieferung 26), Würzburg 1991.

Görg 1997:
M. Görg, Nilgans und Heiliger Geist. Bilder der Schöpfung in Israel und Ägypten, Düsseldorf 1997.

Görg 1998:
M. Görg, Ein Haus im Totenreich. Jenseitsvorstellungen in Israel und Ägypten, Düsseldorf 1998.

Görg 2000a:
M. Görg, YHWH – ein Toponym? Weitere Perspektiven, in: Biblische Notizen. Beiträge zur exegetischen Diskussion 101, 2000, 10–14.

Görg 2000b:
M. Görg, Josef, ein Magier oder Seher?, in: Biblische Notizen. Beiträge zur exegetischen Diskussion 103, 2000, 5–8.

Graefe 1971:
E. Graefe, Untersuchungen zur Wortfamilie bj3, Köln 1971.

Grumach 1972:
I. Grumach, Untersuchungen zur Lebenslehre des Amenope (Münchner Ägyptologische Studien 23), Berlin 1972.

Herrmann 1954:
S. Herrmann, Steuerruder, Waage, Herz und Zunge in ägyptischen Bildreden, in: Zeitschrift für ägyptische Sprache und Altertumskunde 79, 1954, 106–115.

Hornung 1965:
E. Hornung, Zum ägyptischen Ewigkeitsbegriff, in: Forschungen und Fortschritte 39, Heft 11, 1965, 334–336.

Hornung 1966:
E. Hornung, Geschichte als Fest. Zwei Vorträge zum Geschichtsbild der frühen Menschheit, Darmstadt 1966.

Hornung 1971:
E. Hornung, Der Eine und die Vielen. Ägyptische Gottesvorstellungen, Darmstadt 1971.

Hornung 1981:
E. Hornung, Zu den Schlußszenen der Unterweltsbücher (Mitteilungen des Deutschen Archäologischen Instituts Abteilung Kairo 37), 1981, 217–226.

Hornung 1982:
E. Hornung, Der ägyptische Mythos von der Himmelskuh. Eine Ätiologie des Unvollkommenen (Orbis Biblicus et Orientalis 46), Freiburg/Schweiz–Göttingen 1982.

Hornung 1989:
E. Hornung, Ägyptische Unterweltsbücher, 3. Auflage, Zürich–München 1989.

Hornung 1990:
E. Hornung, Tal der Könige. Die Ruhestätte der Pharaonen, 5. Auflage, Zürich–München 1990.

Hornung 1992:
E. Hornung, Geist der Pharaonenzeit, München 1992.

Hornung 1996:
E. Hornung, Altägyptische Dichtung, Stuttgart 1996.

Hornung/Brodbeck 1975:
E. Hornung – A. Brodbeck, Apophis, in: Lexikon der Ägyptologie I, 1975, 350–352.

Junker 1949:
H. Junker, Pyramidenzeit. Das Wesen der altägyptischen Religion, Einsiedeln–Zürich–Köln 1949.

Keel 1972:
O. Keel, Die Welt der altorientalischen Bildsymbolik und das Alte Testament. Am Beispiel der Psalmen, Zürich–Einsiedeln–Köln 1972.

Keel 1989:
O. Keel – H. Keel-Leu – S. Schroer, Studien zu den Stempelsiegeln aus Palästina/ Israel II (Orbis Biblicus et Orientalis 88), Freiburg/Schweiz–Göttingen 1989.

Keel 1992:
O. Keel, Das Recht der Bilder gesehen zu werden. Drei Fallstudien zur Methode der Interpretation altorientalischer Bilder (Orbis Biblicus et Orientalis 122), Freiburg/Schweiz–Göttingen 1992.

Keel/Schroer 1998:
O. Keel – S. Schroer, Darstellungen des Sonnenlaufs und Totenbuchvignetten auf Skarabäen, in: Zeitschrift für ägyptische Sprache und Altertumskunde 125, 1998, 13–29.

Koch 1993:
K. Koch, Geschichte der ägyptischen Religion. Von den Pyramiden bis zu den Mysterien der Isis, Stuttgart–Berlin–Köln 1993.

Krauss 1997:
R. Krauss, Astronomische Konzepte und Jenseitsvorstellungen in den Pyramidentexten (Ägyptologische Abhandlungen 59), Wiesbaden 1997.

Kügler 2000:
J. Kügler, Die religiöse Bedeutung des Duftes im Alten Ägypten: Medium der Gottesnähe, in: J. Kügler (Hg.), Die Macht der Nase. Zur religiösen Bedeutung des Duftes. Religionsgeschichte – Bibel – Liturgie (Stuttgarter Bibel-Studien 187), Stuttgart 2000, 25–47.

Kuhlmann 1977:
K. P. Kuhlmann, Der Thron im Alten Ägypten. Untersuchungen zu Semantik, Ikonographie und Symbolik eines Herrschaftszeichens (Abhandlungen des Deutschen Archäologischen Instituts Kairo, Ägyptologische Reihe 10), Glückstadt 1977.

Kurth 1994:
D. Kurth, Treffpunkt der Götter. Inschriften aus dem Tempel des Horus von Edfu, Zürich–München 1994.

von Liefen 2000:
A. von Liefen, Der Himmel über Esna. Eine Fallstudie zur religiösen Astronomie in Ägypten am Beispiel der kosmologischen Decken- und Architravinschriften im Tempel von Esna (Ägyptologische Abhandlungen 64), Wiesbaden 2000.

Moers 1995:
G. Moers, Epische Texte in ägyptischer Sprache, in: Texte aus der Umwelt des Alten Testaments, III/5: Mythen und Epen III, Gütersloh 1995.

Morenz 1965:
S. Morenz, Gott und Mensch im alten Ägypten, Heidelberg 1965.

Morenz 1975:
S. Morenz, Religion und Geschichte des alten Ägypten. Gesammelte Aufsätze (hg. von E. Blumenthal – S. Herrmann), Köln–Wien 1975.

Münster 1968:
M. Münster, Untersuchungen zur Göttin Isis vom Alten Reich bis zum Ende des Neuen Reiches (Münchner Ägyptologische Studien 11), Berlin 1968.

Mysliwiec 1978:
K. Mysliwiec, Studien zum Gott Atum I: Die heiligen Tiere des Atum (Hildesheimer Ägyptologische Beiträge 5), Hildesheim 1978.

Mysliwiec 1979:
K. Mysliwiec, Studien zum Gott Atum II: Name – Epitheta – Ikonographie (Hildesheimer Ägyptologische Beiträge 8), Hildesheim 1979.

Ockinga 1984:
B. Ockinga, Die Gottebenbildlichkeit im Alten Ägypten und im Alten Testament (Ägypten und Altes Testament 7), Wiesbaden 1984.

Otto 1975:
E. Otto, Augensagen, in: Lexikon der Ägyptologie I, 1975, 562–567.

Otto/Hirmer 1966:
E. Otto – M. Hirmer, Osiris und Amun. Kult und heilige Stätten, München 1966.

Rambova 1957:
N. Rambova, The Symbolism of the Papyri, in: A. Piankoff (ed. N. Rambova), Mythological Papyri, Texts, New York 1957, 29–65.

Piankoff 1957:
A. Piankoff (ed. N. Rambova), Mythological Papyri, Texts, New York 1957.

Schäfer 1935:
H. Schäfer, Altägyptische Bilder der auf- und untergehenden Sonne, in: Zeitschrift für Ägyptische Sprache und Altertumskunde 71, 1935, 15–38.

Schlichting 1982:
R. Schlichting, Ohrensagen, in: Lexikon der Ägyptologie IV, 1982, 562–566.

Schlögl 1980:
R. A. Schlögl, Der Gott Tatenen. Nach Texten und Bildern des Neuen Reiches, (Orbis Biblicus et Orientalis 29), Freiburg/Schweiz–Göttingen 1980.

Seeber 1976:
C. Seeber, Untersuchungen zur Darstellung des Totengerichts im Alten Ägypten (Münchner Ägyptologische Studien 35), Berlin 1976.

Sethe 1928:
K. Sethe, Altägyptische Vorstellungen vom Lauf der Sonne (Sitzungsberichte der Preußischen Akademie der Wissenschaften. Philosophisch-historische Klasse XXII), Berlin 1928, 259–284.

Sethe 1929:
K. Sethe, Amun und die acht Urgötter von Hermopolis. Eine Untersuchung über Ursprung und Wesen des ägyptischen Götterkönigs (Abhandlungen der Preußischen Akademie der Wissenschaften. Philosophisch-historische Klasse 4), Berlin 1929, 1–130 = Ders., Leipziger und Berliner Akademieschriften (1902–1934), Leipzig 1976, 280–410.

Sethe 1935–62:
K. Sethe, Übersetzung und Kommentar zu den altägyptischen Pyramidentexten, 6 Bände, Glückstadt 1935–1962.

Seyfried 1998:
K.-J. Seyfried, Kammern, Nischen und Passagen in Felsgräbern des Neuen Reiches, in: H Guksch – D. Polz, Stationen. Beiträge zur Kulturgeschichte Ägyptens, Rainer Stadelmann gewidmet, Mainz 1998, 387–406.

Sharpe 1864:
S. Sharpe, The alabaster Sarcophagus of Oimenephtah, London 1864.

Shirun-Grumach 1993:
I. Shirun-Grumach, Offenbarung, Orakel und Königsnovelle (Ägypten und Altes Testament 24), Wiesbaden 1993.

Sternberg-El Hotabi 1987:
H. Sternberg-El Hotabi, Die Götterdarstellungen der Metternichstele. Ein Neuansatz zu ihrer Interpretation als Elemente eines Kontinuitätsmodells, in: Göttinger Miszellen. Beiträge zur ägyptologischen Diskussion 97, 1987, 25–70.

Westendorf 1984:
W. Westendorf, Die Geburt der Zeit aus dem Raum, in: Göttinger Miszellen. Beiträge zur exegetischen Diskussion 63, 1984, 71–76.

Zandee 1988:
J. Zandee, Der androgyne Gott in Ägypten. Ein Erscheinungsbild des Weltschöpfers, in: M. Görg (Hg.), Religion im Erbe Ägyptens. Beiträge zur spätantiken Religionsgeschichte zu Ehren von Alexander Böhlig (Ägypten und Altes Testament 14), Wiesbaden 1988, 240–278.

Register

Weitere Bände aus der Reihe

„Kleine Bibliothek der Religionen"

Konrad Meisig

Klang der Stille

Der Buddhismus

2. Auflage, 216 Seiten, Paperback
ISBN 3-451-23841-1

Wie nur wenige Religionen erfährt der Buddhismus derzeit große Aufmerksamkeit in der westlichen Welt. Seine heilende Mischung aus Tradition und Zeitgeist wird hier verständlich beschrieben. Er stellt die bewährten Pfade der Erleuchtung und Sinnfindung dar und entfaltet so den Horizont einer Religion, die der äußeren Ruhelosigkeit der modernen Gesellschaft ein inneres Gleichgewicht entgegenstellt. Eine sachkundige Reise zur Mitte buddhistischen Lebens.

Angelina Pollak-Eltz

Trommel und Trance

Die afroamerikanischen Religionen

216 Seiten, Paperback
ISBN 3-451-23842-X

Geister und Magie, Trommel und Trance, Fetische und Zombies – nichts ruft hierzulande so abenteuerlliche Vorstellungen hervor wie die afroamerikanischen Religionen. Wie sie entstanden, was sie bewirken und warum sie lebendig sind wie nie zuvor, darüber informiert die Autorin (Professorin für Anthropologie in Caracas/Venezuela) und erschließt überraschende Einsichten in eine geheimnisumwitterte Welt.

Corinna Erckenbrecht

Traumzeit

Die Religion der Ureinwohner Australiens

208 Seiten, Paperback
ISBN 3-451-23848-9

So fernab wie Australien selbst, so fremd sind Kultur und Religion der australischen Ureinwohner. Ihre uralten Riten und Bräuche, ihre Verbundenheit mit der geheimnisvollen Traumzeit sind durch den massiven Einbruch der Zivilisation ebenso bedroht wie die Existenz der Aborigines selbst.
Mit großer Sachkenntnis und beeindruckendem Einfühlungsvermögen führt Corinna Erckenbrecht in die fremde Religion der Ureinwohner Australiens und erschließt den Zugang zu einer für Europäer geradezu unheimlichen und doch seltsam anziehenden, von Mythen und Magie geprägten Welt.

Christian F. Feest

Beseelte Welten

Die Religionen der Indianer Nordamerikas

216 Seiten, Paperback
ISBN 3-451-23849-7

Das Interesse an den Indianern Nordamerikas ist seit Karl May ungebrochen. Sie verkörpern die Sehnsucht nach dem, was in unserer westlichen Kultur verlorenzugehen droht: Leben im Einklang mit der Natur und ehrfurchtsvoller Umgang mit der Schöpfung. Was aber steht wirklich hinter indianischem Denken und Fühlen? Aus welcher Spiritualität speist sich die Kraft der Medizinmänner? Wer mehr über die Geschichte, die religiösen Traditionen und Mythen der Ureinwohner Nordamerikas erfahren will, wird in Christian Feest einen kundigen und sensiblen Führer finden. Eine faszinierende Reise in die „beseelten Welten“ indianischer Kultur.

In jeder Buchhandlung

HERDER